自由論

倫理学講義

ON LIBERTY

伊藤　益

著

北樹出版

目次

自由論——倫理学講義

序　章　倫理学はなぜ「自由」を問題にするのか

1　倫理学とは何か

この講義は、倫理学という学問を主題にし、その核心に迫ろうとするものです。ですから、この講義では、まず倫理学とは何か、そして、そこにおいていったいどういう問題が中心をなす課題として浮上するのかをあきらかにしておかなければなりません。では、倫理学とは何でしょうか。それをひとことでいいあらわすことは至難であり、講義を担当するわたしの能力の範囲をこえています。いまかりに、倫理学の扱う対象を日本語の「倫理」に限定するとすれば、「倫」は横並びに並んだ仲間の謂《い》いで、「理」とは道理ある筋道のことをさしますから、倫理学とは相互に協力しながら共同体や社会を形成するひとびとが、どのような「ことわり」にもとづいて生きるべきかを追究する学問ということになるでしょう。

「倫理学」という語そのものは、西洋語 ethics、Ethik、ethica 等々の翻訳語として明治期以降に日本に定着したもので、元来西洋的な概念におおわれています。したがって、それらの西洋語に通暁していなければ、倫理学を普遍的に定義づけることは不可能なのですが、残念ながらわたしにはそのような能力はありません。わたしにできることは、倫理学を日本語の文脈で考えることだけです。そこで、もう一度日本語でいう倫理学とは何かを再定義してみますと、共同体・社会を生きるわたしたち仲間のあいだを貫く道理とは何かをあきらかにする学ということになります。

共同体・社会を生きるということは、わたしたちがつねに何らかの行為を行っていることを意味しています。それらの行為は多くの場合、善し悪しの判断にかかわってくることでしょう。すると、倫理学とは、行為の善悪に関して、その道徳的基準を追い求める学ということになるのではないでしょうか。もちろん、価値のうえで中立な行為というものもありえます。生きるために最低限の食事をとることや、他人の邪魔にならないようにして歩道を歩くことなどは、特段善いというわけでもなければ悪いというわけでもないでしょう。しかし、人間の行為というものは、じつはそのほとんどが善悪の判断の対象となるといってもいいすぎではありません。

たとえば、この講義を聴講されているみなさんのなかには、講義がはじまったばかりのこの段階で、すでに寝ておられるかたもおられますし、また私語を交わしているかたがたもおられます。大学の講義とは、学生諸君が、教師の話を聴くことをとおして己れの教養を高め、今後社会に生きていくうえでの知恵を深めるために行われるもので、それを聴くことと静謐を保つことは学生諸君に課せられた基本的な義務であるはずです。にもかかわらず、講義中に寝ていたり私語を交わしたりしているとすれば、そのような学生は、大学の講義のルールに反しているという点で悪しき行為者以外の何ものでもありません。逆にいえば、いまこの講義を聴きながら熱心にノートをとっておられるかたがたは、善き行為を行っているということになりましょう。そうなると、講義に出席するというごく日常的な行為すら、善悪の判断の対象となりうるのだといえます。

さて、以上で、倫理学とは何かという問いに対して、わたしは自分なりの答えを出すことができたと思います。くどいようですが、わたしが母語である日本語にもとづいて提出した答えは、「倫理学とは行為の善悪に関して、その判断の基準を究める学である」ということでした。するとここに、ひとつの大きな問題が立ちあがってまいります。「自由」とは何かという問題が、それです。日常的な行いの善し悪しの基準を決めることと自由とがなぜたがいにかかわりあってくるのか、一見不思議に思えることでしょう。しかし、このふたつのことがらは、じつは思った以上に密接に、かつ深く結びつきあっているのです。それは、カント倫理学の集大成ともいうべき『実践理性批判』が、「自由の問題は実践理性の体系の全建造物の要石をなす」といっていることからもあきらかです。カントにおいて「実践理性」とは「道徳理性」とほぼ同義であり、人間が道徳的に行為する際に依拠し、行使する理性という意味です。つまり、カントは人間の行為と自由とのあいだに相関性を見いだしているわけですが、それはいったいなぜでしょうか。これは、けっして解決の困難な問題ではありません。以下のわたしの説明を聴けば、みなさんはことがらのあまりの容易さに唖然となさることでしょう。

2　善悪の判断と「自由」

突然奇妙なことをいいだすようですが、驚かないでください。これは一種のジョークであり、かつ、まじめな話でもあります。そこに座っていらっしゃるAさん、じつにかわいらしいかたですね。近ごろは、女子学生のみなさんに関して美醜に関わるような話をすれば、セクハラとして訴えられかねないことは重々承知しております。承知したうえでなおいわせていただければ、Aさんは魅力的な女子学生のひとりだと、わたしは思います。いま、わたしがAさんの魅力にひかれ、この教壇を降りていって、突然Aさんに抱きついたとしましょう。その行為は許されるものでしょうか。当然ながら、教師にあるまじきふるまいとして、わたしはAさん、もしくはその周辺のかたがたから大学当局に訴えられ、懲戒免職等の処分をうけることになるでしょう。場合によっては、「大学教授授業中にセクハラ」といったような見出しで、大々的にマスコミに取りあげられるかもしれません。当然のむくいですね。教授としての本分を忘れ、みずからの意志で悪行にはしったわけですから。しかし、もしわたしの行為が、わたしの自由な意志にもとづくものではなかった場合にはどういう判断がなされるでしょうか。

そこに座っておられるB君、見るからにたくましいかたですね。いまかりに、B君が銃を構えて、わたしをおどし、「Aさんに抱きつけ」と命令したとしましょう。わたしは抱きつきたくはない、にもかかわらず、B君は、彼の命令に反した場合、わたしを殺すことを明示しながら、抱きつくようにわたしを強制しているのです。このとき、わたしがやむをえずAさんに抱きついたとすれば、その行為の責任をわたしは問われるのでしょうか。ごく常識的に考えてみてください。みなさんのなかにはガチガチのリゴリスト（厳格主義者）がいて、教師たるものたとえ殺されようとも、女子学生に抱きついたりなどすべきではない、言語道断であるというかもしれません。しかし、だれしも命は惜しいものです。わたしとて例外ではない。殺されるよりは抱きつくほうが、人間としてごく自然なふるまいなのではないでしょうか。B君によって命の危険にさらされながら、わたしが行った行為の責任は、どう考えてもわたしにはありません。この場合わたしの行為の責任を問われるべきは、わたし自身ではなくてB君であると考えなければなりません。

この一見ばかばかしい事例は、倫理学がある特定の条件のもとに成立していることを示しています。すなわち、倫理学が成り立つには、倫理的な判断の対象となる行為が人間の自由意志にもとづいていることが必須の条件であることを、この事例は明示しているのです。「抱きつく」という行為が不当なもの（悪）と目《もく》され、その行為者に倫理的責任が帰せられるのは、それが自由意志にしたがって行われた場合にかぎられます。もし、行為者が自由意志を奪われた情況で同じ行為に及んだとすれば、その行為には行為者の責任が帰せられないというのが、行為に関する倫理的判断の基準であるということになりましょう。したがって、行為の善悪について、その判断の基準を問う学としての倫理学は、自由の問題とのあいだに密接な関係をもっていることになります。いや、密接どころか、自由の問題を考慮することなくしては倫理学は成り立たないといっても過言ではないでしょう。さきほどご紹介したように、カントが「自由の問題は実践理性の体系の全建造物の要石をなす」といったのは、この意味においてだったのです。

倫理学は、人間の行為と在りよう全般に関わる学でもありますから、そこではただ自由の問題のみが問われればそれでよいというものではありません。人間が生きているということはどういうことなのか、人間にとって死とはどのような事態なのか、また人間どうしを結びつける原理としての愛とは何か……、等々の問題が倫理学にとって重要な課題であることを、わたしは否定しようとは思いません。しかし、倫理学にとって、もっとも原理的な問題は何かと問われれば、わたしは、自由の問題がそれだ、と答えざるをえません。自由こそが、善悪の判断の、つまりは倫理的判断の基盤として厳然と存在しているからです。

したがって、「倫理学」というきわめて端的な名称をもったこの講義は、自由の問題を核心に置いて進められることになります。ただし、問われるべき問題は多岐にわたります。まず、当然ながら、「自由とは何か」という問いが立てられなければなりません。これは、自由に関する原理的な問いです。さらには、倫理学の歴史のなかで自由がどのようにとらえられてきたかを思想史論的に問うことも必要になってくるでしょう。これらの難解な問いに、もしいちおうの回答を与えることができたとしても、さらに困難な問題が待ちうけています。それは、二十一世紀の日本という「情況」を生きるわたしたちにとって、自由は現にどのように在り、またどう在るべきかという問いです。この講義では、問題のむずかしさにけっして臆することなく、以上の三点にわたって自由の問題に検討を加えていきましょう。まずは、総論的な問い「自由とは何か」を念頭に置きながら、精細な議論への第一歩を築いていきたいと思います。

第一章　自由のアポリア

1　出口のない難問

「自由」ということばそのものは、日本の古語にも多数登場しますが、それは西洋語のfreedomやFreiheitと同様の意味をもっていたわけではありません。幕末から明治の初期にかけてfreedomやFreiheitなどの語が西洋から流入したとき、在来の日本語の文脈から切り離されて、翻訳語として使い始められたのが、現在わたしたちが日常語として頻繁に用いている「自由」です。これは、西洋語の意味を反映して、とらわれがなく自在であることを意味します。幕末から明治以降の時代において、自由とは文字どおり「自《みず》ら由《か》（よし）とすること」にほかならなかったといえます。「自ら由とする」ということは、自分自身を根拠として行為すること、すなわち、自分自身以外の何ものにも依拠しないことにほかなりません。さしあたって、自由に関するこの規定は、自由の本質をうがつものとみとめてよいと思われます。

自分自身以外の何ものにも依拠しないということは、他の何ものにもとらわれないということです。他の何ものにもとらわれないということは、自由の主体が、自分自身をも含めたいっさいの事物に対して開かれた状態に在ることを意味しています。自由の定義をめぐってこのように考えていくと、自由で在ること、あるいは自由にふるまうことはじつにすばらしいことのように見えます。この自由は、他者の自由を邪魔したり、押しのけたりしないかぎり、あくまでも保障されつづけるべき人間の基本的な権利といってもよいでしょう。しかし、こうした意味での自由には、出口のない難問がつきまとっています。自由にふるまうこと、あるいは自由で在ることが、その「ふるまい」と「在る」こととを裏切ってしまうのではないか、という難問です。

この講義は、当然みなさんもご承知のとおり、毎週火曜日の五時限に開かれています。終了時刻は午後四時半。そろそろみなさんが夕食のことを考える時刻ですね。大学の立地条件から見て、みなさんのなかの多くのひとは自炊をしているでしょう。しかし、なかにはもっぱら外食に頼っているひともいることでしょう。外食に頼っているC君が、午後六時ごろにDという食堂に行ったとしましょう。実際にはそんな食堂はないかもしれませんが、ここでは、D食堂には「日替わり定食」「カレーライス」「炒飯」の三つのメニューしかなく、しかもC君の脳の満腹中枢はごくふつうの働きをすると仮定します。そして、C君は三つのメニューのいずれも好みにしていたとします。C君は迷います。いや、厳密にいえば迷うことができます。C君は自由であり、その選択の範囲は、「日替わり定食」「カレーライス」「炒飯」のいずれに対しても開かれているからです。C君は悩んだあげくに「カレーライス」を選び、オーダーしました。やがて運ばれてきた「カレーライス」は、味わいもよく、量も大人ひとりの夕食一回分としては十分すぎるものでした。C君は大いに満足し、料金を支払ってD食堂をあとにしました。

この事例には何の問題もないように見えます。C君はみずからの自由を行使して、好物の「カレーライス」を食べただけのことですから。ですが、もし、C君が「カレーライス」を食べたあとに、「日替わり定食」と「炒飯」を食べられなかったことを後悔したとすればどうでしょうか。C君はたしかに「カレーライス」を選ぶ自由、いいかえれば「カレーライスへの自由」を行使しました。ところが、それを行使した瞬間、C君は大切なものを失ってしまったのです。それは、「日替わり定食」と「炒飯」を選ぶ自由、すなわち「日替わり定食と炒飯への自由」です。つまり、C君が一方でみずからの自由を行使したということは、彼が他方では自由を行使できない状態、すなわち「不自由な状態」に置かれてしまったことを意味します。ある日の夕食メニューの選択程度のことがらなら、自由に関して大きな問題が発生しているようには見えないかもしれません。ところが、人間が自由で在り、自由を行使するということは、つねにこの種の問題を峻酷な事態としてかかえこんでいるのです。

自由で在ることは自由を行使することの根本条件です。自由を行使することによって自由にふるまうことができないというパラドクスにおちいったとしても、それは、自由で在ることまでもが失われたことを意味しないように見えるかもしれません。しかし、自由に関しては、根本条件とそこから派生する行為は同等です。自由を行使せずに自由で在ることは、理論的には可能であっても、実際問題としてはありえないからです。したがって、自由にふるまうことがそのままただちに自由にふるまえないことになるという事態は、人間が自由で在ることによって自由で在りえなくなることを意味しているといえます。自由で在ることが自由で在りえなくなることを意味するという事態。これほど異様なことはほかに類例を見ないように思えます。けれども、それこそが自由の実相なのです。一夫一婦制のもとでの結婚は、ひとりの異性を生涯の伴侶として選ぶ自由を行使することによって成り立ちますが、それは同時にほかのすべての異性への選択の自由を放棄することを意味しています。大学への入学も、就職の選択も、人生の根幹にかかわる問題は、すべてそのようになっているとしかいいようがありません。ひとは、人生の節目節目で、自由で在ることによって自由で在りえなくなるが、それでもよいのか、という難問にぶつかるのです。

しかも、どう考えても、この難問には出口が見えません，同時にすべてを選択できないかぎり、人間が自由を行使することは不自由につながってしまうのです。自由が自分自身以外の何ものによっても拘束されないことを意味するとすれば、自由の状態を拒否する人間などだれひとりとしていないと考えられます。だれしも自由を謳歌したいと思っていることでしょう。この講義を聴いておられるみなさんもそうでしょう。このなかに、あえて不自由でありたいと心底から望むひとはひとりもおられないと思います。にもかかわらず、自由には、述べてきたような出口のない難問がつきまといます。わたしは、これを「自由のアポリア」とよんでいます。民主主義国家の憲法や法律には、国民の自由が基本的な権利としてたからかにうたわれています。それは、社会的な意味での自由でしょうが、哲学的ないしは倫理学的に考えない、民主主義国家の一般のひとびとは、残念ながらこの「自由のアポリア」に気づいていません。彼らは、たとえ重税や兵役に苦しめられることがあっても、万事に開かれた自由だけは保障されていると信じています。ところが、「万事に開かれた自由」などというものは、架空の心理状態にすぎず、ほんとうはどこにも存在していないのです。

わたしたちには、限定された自由、狭い枠のなかに押しこめられた自由のみが許されています。ただし、このことに気づいたのは、わたしのような凡庸な倫理学者が最初ではありません。二十世紀半ばに一世を風靡したフランスの思想家Ｊ・Ｐ・サルトルも、つとにわたしと同様の認識を示していました。

2　自由の刑

サルトルは、第二次世界大戦の終結後まもなく『実存主義とはヒューマニズムである』と題する小冊子を刊行しました。この小冊子は、サルトルにとっての実存主義が、人間の主体性に重きを置くものであることを簡潔に示すものです。従来の哲学では、事物の本質、すなわち、事物が何であるかということが、第一義的に問われてきました。ところが、サルトルは、そうした問い自体が本質から遠ざかるものであるといいます。サルトルによれば、人間が「いま」「ここ」に在るということ、すなわち「実存」は、人間が何であるかということ、すなわち「本質」に先立ちます。奇妙ないいかたに聞こえるかもしれませんが、人間にとってもっとも本質的な問いは、実存に対するそれだというのです。実存は他の何ものにも先駆けて主題化されるべきもので、しかも、それは主体的に「いま」「ここ」の現実に参与（アンガージュマン）してゆくべきものだというのが、サルトルの実存主義の核心をなす考えかたです。サルトルは、そうした主体的参与という在りようを人間中心主義（ヒューマニズム）と名ざします。彼がもっとも強い関心を寄せていたのは、事物の「存在」ではなく、「人間」の「実存」だったというべきでしょう。このことを重く見るならば、従来想定されてきた、キルケゴールからハイデガーへ、そしてサルトルへという実存主義の系譜は再考を迫られることになるかもしれません。

キルケゴールが、単独者として、孤独な実存として在る人間がいかにして神とむきあうべきかという問題を、その短い生涯の課題としたことはよく知られています。彼にとっては、超越者としての神に人間的実存がいかに対向すべきかということこそが、最大の関心事だったのです。「実存」ということをめぐって関心を等しくするかのように見えるハイデガーやサルトルが、キルケゴールの思想を継承すると目《もく》されるのは、ごく自然なことのように思われます。しかし、事実はそうではありません。キルケゴールが、つねに神との関係で「実存」を問うたのに対して、ハイデガーやサルトルは、無神論の立場から「実存」を主題化しているからです。サルトルの場合、無神論はかなり急進化しています。もはや超越者とは何のかかわりももちえなくなった人間にとって、「いま」「ここ」に実存するということはいかなる事態なのかを、サルトルは問います。その問いは、キルケゴールの思想とはまったく無縁なものであったといっても過言ではありません。サルトルは、そうした問いのにない手として自身を規定しながら、ハイデガーを自己の先達とする認識を披瀝します。たしかに、無神論的な実存主義を標榜する点に関して、ハイデガーはサルトルに先行し、サルトルを導いた哲学者であったといえるように見えます。しかしながら、これは、サルトルの完全な誤解でした。なぜなら、ハイデガーは、人間中心主義に立って人間の主体性を称揚するどころか、むしろそれを否定しているからです。この講義の本筋からいささかそれることになるかもしれませんが、ここで、ハイデガーの哲学にふれておきたいと思います。

ハイデガーは、最初の大著であり主著ともいうべき書『存在と時間』のなかで、彼が、Daseinと名ざすところのもの、すなわち人間現存在の実存論的分析を試みています。しかし、その試みは、人間の主体的実存についてその現実的な態様を解明しようとくわだてるものではありませんでした。ハイデガーの関心は、一貫してSein（存在）に注がれていました。彼は、人間現存在の実存論的分析をとおして「存在」そのものをあらわにしようとしたのです。では、彼のいう「存在」とは何だったのでしょうか。

わたしたちは、さまざまな事物にとりかこまれて日常を生きています。その日常のなかで、わたしたちは、「これは何であるか」という問いを発し、その問いに対して、「これは〜である」と答えます。具体的には、「これは机である」「これは椅子である」「これはチョークである」などといった答えを発しながら、わたしたちは自身をとりかこむ事物を自身にとって親しみのあるものとして、みずからの生存の安定をはかっています。しかし「机である」「椅子である」「チョークである」とわたしたちが語る場合の、その「である」に含まれた「在る」ということはいったいどういうことなのでしょうか。ハイデガーの実存論的分析とは、じつはその「在る」ということを直接の対象とするものなのです。

机、椅子、チョーク等々は、それぞれ別の本質をもった事物として在ります。そのかぎりにおいて、それらはいずれもたがいに異なっているといえましょう。ところが、それらは「在る」という一点において完全に同等です。このことに着目するならば、「在る」ことがそれらをそれら自身として在らしめているといってもよいでしょう。「在る」ことは、すべての事物の根底をなし、すべての事物を現に在るように在らしめているのだ、とハイデガーは考えます。そして、彼は、その万事万物を在らしめている「在る」ことそのものを「存在」(Sein)と名ざすのです。

ハイデガーによれば、プラトンに始まる従来の哲学は、「机とは何か」「椅子とは何か」「チョークとは何か」といったような、事物の本質に関わる問いに終始し、それらの事物の「存在」そのものを問わなかったとされます。すなわち、ハイデガーは、彼以前の哲学の歴史を「存在忘却の歴史」ととらえるのです。「存在忘却」は、ハイデガーの『存在と時間』によってあらためられ、この書をもって「存在の哲学」が開始されるはずでした。しかし、「〜である」「〜がある」の「在る」とは何かという問いは難解をきわめます。ハイデガーは、直接にこの問いへの解答を求めることを断念せざるをえませんでした。ただし、彼はあきらめたわけではありません。

ハイデガーは、人間現存在の「現」、すなわちDaseinの„Da"に着目します。Daseinの原義は、「そこ」(Da)に何かが「在ること」(Sein)です。この原義に注目したハイデガーは、「存在」(Sein)が人間現存在の「そこ」(Da)においてあらわになる可能性を探ったのです。その意味で、人間現存在の実存論的分析は、ハイデガーにとって重要な意義をもつ試みとなりました。人間現存在は時間のなかに生きるものです。すると人間現存在を時間性のなかでとらえることが、「そこ」における「存在」の開示にとって有効であるはずだと考えられます。ハイデガーが実存論的分析を時間性にそって遂行してゆこうとするゆえんです。その意味で、彼が自身の主著に与えた『存在と時間』(*Sein und Zeit*)という名称はいたって妥当なものだったといえるでしょう。

ただし、ここでわたしたちは誤ってはなりません。ハイデガーは、実存論的分析を遂行する際に人間的実存に重きを置いていたわけではなかったことに、わたしたちは注意をはらうべきです。すなわち、ハイデガーの関心はあくまでも「存在」にのみむかっており、彼にとって人間現存在が意味をもつのは、「そこ」に「存在」があらわれる可能性があるかぎりにおいてだったのです。ですから、ハイデガーの哲学は、サルトルがいう意味での実存主義でもなければ、実存哲学でもありません。サルトルは、みずからの実存主義を人間現存在の主体性を最重要視する人間中心主義(ヒューマニズム)の思想として規定していました。これに対して、ハイデガーは、自己の哲学をけっして人間現存在に軸を置くことのない、「存在そのものの哲学」として位置づけていたのです。したがって、サルトルのいうようにハイデガー哲学を彼の先達や同志と見なすことは、本質的な意味でまちがっていたといわざるをえません。

「存在」の意味を問い、ひたぶるにそれが人間現存在の「現」に立ちあらわれる瞬間を待ちこうけようとするハイデガーの哲学においては、人間的自由が主題化されることはありえません。わたしの曲解かもしれませんが、神に対向するかぎりでの人間の実存性を追究する構えを見せるキルケゴールの思想も、人間的自由に対しては関心を寄せないといってもよいように思われます。一般に「実存主義」という名称のもとにひとくくりにされる哲学者・思想家たちのなかで、人間的現実における自由の問題を主題化したのは、人間の社会的な意味での主体性を重視するサルトルのみであったといっても誤りではないでしょう。では、そのサルトルは人間的自由をどのようにとらえたのでしょうか。

先ほどふれた小冊子『実存主義とはヒューマニズムである』のなかで、サルトルは、自由の問題をめぐって、ひとつの興味深い実例をあげています。第二次世界大戦中、サルトルが教師をしていたころのことでした。当時、フランスは、ビシー政権というナチスドイツの傀儡政権の統治下にありました。フランスの多くの知識人たちは、この傀儡政権に反撥し、レジスタンスという名の、ナチスドイツに対する抵抗運動に参加していました。レジスタンス運動の多くは、ド・ゴール将軍が亡命先のイギリスで立ちあげた自由フランス軍という組織に呼応していました。ちょうどそのころ、サルトルのもとをひとりの高等師範学校の生徒が訪れます。高等師範学校とは、フランスのもっとも高度な教育・研究機関で、同校の生徒はエリート中のエリートでした。ちなみに、サルトル自身も高等師範学校の卒業生です。

サルトルのもとを訪れた生徒は、母ひとり子ひとりという家庭環境にあり、学校に通いながらアルバイトをして、病弱な母親のめんどうを見ていました。彼は、フランスが置かれた危機的な情況をまのあたりにしながら、日常を便々として生きることに耐えられず、ド・ゴール将軍の率いる自由フランス軍に参加したいと願っていました。しかし、彼が自由フランス軍に加わることは、病弱な母親を見捨てることを意味していました。彼は悩みました。悩みぬいたといってよいでしょう。彼は、その悩みをサルトルに打ちあけ、何らかの助言を乞うたのでした。

その生徒の悩みを聞いたとき、サルトルは即座にこうこたえました。「君は自由だ、選びたまえ」と。何というひどい応答でしょう。生徒は、自由フランス軍に参加してフランス社会のためにつくすべきか、それとも家庭にとどまり母親のめんどうを見るべきかという究極の選択に苦悩していたのです。この問題に関して、生徒はたしかに自由であったと考えられます。しかし、それは容易に解決のつく問題ではありませんでした。にもかかわらず、サルトルはいったのです。「君は自由だ、選びたまえ」と。見かたによっては、これほどに無責任な応答はありえないでしょう。選べないから困っている。そんな生徒にむかって「選びたまえ」とは何ごとでしょうか。サルトルは常軌を逸しているように見えます。しかし、じつはサルトルにもちゃんとわかっていたのです。『実存主義とはヒューマニズムである』のなかで、サルトルはいっています。「その場の生徒は、個人的献身のモラルともっと広いモラルとのあいだで苦悩していたのだ」と。この場合、「個人的献身のモラル」が家庭にとどまることをさし、「もっと広いモラル」が自由フランス軍への参加を意味することは疑いようがありません。サルトルは生徒の苦悩の正体をしっかりと見きわめていたのです。

彼は生徒の苦衷を的確にとらえていました。そうであるにもかかわらず、彼が生徒にむかって、厳しく突き放すように応答したのは、ある理由があってのことでした。『実存主義とはヒューマニズムである』のなかで、サルトルは人間に関する一般論としてつぎのようにいっています。「人間は自由の刑に処せられている」と。彼は、このことばのなかにこめられた思想に基づいて、「君は自由だ、選びたまえ」と応答したのでした。では、「人間は自由の刑に処せられている」ということばは、いったいどのような事態をさし示しているのでしょうか。

サルトルによれば、人間は実存として己れ自身の在ることそのものを見据えているかぎり、何ものに対しても開かれた状態、すなわち自由な状態のなかにあります。サルトルにとって自由とは、あらゆる行為を選びうることを意味します。何もかも選ぶことができる。これほど楽しいことはないように見えます。しかし、何もかも選びうるということは、じつは人間に大きな苦痛をもたらします。なぜなら、その「何もかも」のなかから何かを選ぶということは、たったひとつの可能性に賭けることを意味するからです。いいかえれば、何もかも選べる情況のなかで、あることを選ぶということは、その「あること」以外のすべての可能性を捨て去ることにほかならないのです。サルトルはこのことを熟知していました。選ぶということは捨てることを意味するということを、彼ははっきりと認識していたのです。そんなサルトルにとって自由とはけっして安楽なものではありませんでした。彼は、自由を人間がそれによって縛られた刑罰ととらえました。人間は、自由であるかぎり、つねに何かを選ばざるをえず、しかも選ぶことは捨てることを意味する以上、かならずそこに身を切られるような苦痛がともなう。そして、わたしたちは、自由であることを欲するかぎり、この刑罰をみずから進んで甘受しなければならない。サルトルは、「人間は自由の刑に処せられている」ということによって、さきほど（本章第一節）わたしが述べた「自由のアポリア」ということを明快に表現しているのだと考えられます。

そう、サルトルは知っていたのです。自由がかならずアポリアにおちいることを。わたしたち人間は、自由でありつづけるためには、決断と選択とをつねにくりかえしていかなくてはなりません。そうした決断や選択は、本来なら選ぶことのできた何かを捨てることに直結していますから、当然ながら大きな苦悩をともないます。しかし、もし自由であることが人間の実存の必須条件であるならば、わたしたちは死に至るまでそうした苦悩を身に引きうけていかざるをえない。このことを明確にいいあらわした点において、サルトルの『実存主義とはヒューマニズムである』は、人間的自由の本質を鋭くうがつ書だったといってよいと思います。自由に関して、わたしの見解とサルトルのそれとは、いまのところほぼ完全に一致しています。

サルトルのいう「自由の刑」とわたしのいう「自由のアポリア」とは、合致する概念であるといっても過言ではないでしょう。サルトルは、人間は「自由の刑」に耐えぬくべきだと主張します。わたしは人間として在るかぎり「自由のアポリア」を引きうけつづけなければならないと説きます。この段階で、自由の問題をめぐる議論は、いちおうの結末を迎えたように見えます。しかしながら、問題はそれほど単純ではありません。人間は、「自由の刑」や「自由のアポリア」をまったく余念なく引きうけつづけることができるほどに強い意志をもった存在ではないからです。それどころか、人間はみずからの自由に対してきわめて消極的な態度をとり、ときとして、「自由の刑」や「自由のアポリア」から逃れようとさえします。ナチスドイツからアメリカに亡命した社会心理学者E・フロムが、第二次世界大戦の初期に書いた『自由からの逃走』は、そうした人間の弱さを端的に示す書であるといえます。

3　自由からの逃走

ここまで講義を展開してきたなかで、わたしは、自由をいっさいの拘束から解き放たれて、すべてを選択することができる精神の状態と規定してきました。これは、「～からの自由」とよぶことができるでしょう。しかし、人間の自由とはただそれだけにとどまるものではありません。

みなさんのなかには「そんなばかな」と思うかたもおられるかもしれません。何ものにもわずらわされず何もかも自在に選べる状態。それ以外に自由などというものはありえない、と。ところが、哲学・倫理学の歴史のなかでは、それとは正反対の状態が、自由と名ざされることもあったのです。人間は、ときとして、自己をはるかに凌駕するとてつもない権能の保持者を想定することがあります。それは多くの場合「神」という名称を与えられます。そして、人間は、その「神」という名の超越者の意志に、みずから意図して積極的に服従してゆくことを自由と名ざす場合があるのです。

あるいは、こういう場合もありえます。すなわち、人間は、人類全体はもとより可視的な惑星の群れのすべてをつつみこんで成り立つ巨大世界を「宇宙」として想定し、そのうえで、その宇宙を人類のあずかり知らぬ理法が貫いていると考えます。そうした理法にさからうことは人類の自滅を意味しています。そこで人間は、その理法の一端を占いや自然科学によって可知化しながら、そこに自己の意志をそわせていこうとします。そのような宇宙の理法性に寄りそった在りようを、ときとして人間はみずからの自由を具現する態様と見なすのです。これは、外的な拘束力にみずから意志してしたがうという意味における自由であり、「〜への自由」とよぶことができます。じつは、この講義の次章以下でわたしが検討しようと意図している人類の自由観の歴史とは、「〜からの自由」を真の自由とみとめる立場と、「〜への自由」こそが本来の自由であるとする立場との対立葛藤の歴史にほかなりません。

この節でわたしが取りあげようとしているE・フロムは、「〜からの自由」に真の自由を見いだす型の思想家です。彼は、「〜への自由」は自由の放棄を意味するとして、これをしりぞける方向で思索してゆきます。ただし、フロムは、簡単に「〜への自由」を排して「〜からの自由」のみを自由の本来の姿として定立させることができるとは考えませんでした。彼によれば、「〜への自由」を真の自由としてうちたてようという志向性は、人間精神のなかでかなり強固な位置をしめているといえます。しかし、フロムはそうした志向性をまっとうなものだとはみとめません。人間的自由にとってもっともふさわしい姿は、己れを束縛するもののすべてから脱することであり、その脱却を可能にする力こそが真に人類によって求められるべきものだ、とフロムは説きます。フロムによれば、「〜への自由」を求めさせるものは、人間の弱さです。「〜からの自由」に耐えきれない人間が、あらゆる事物を選ぶことができるという苦悩から逃れ去るために案出したのが、「〜への自由」にほかならない、とフロムはいいます。

もし、カントがフロムのこの主張を耳にしたら、きっと仰天することでしょう。人間の内面的な法則性ではあるものの、絶対的な拘束力をもった道徳法則をみずから意志して遵守することを、カントは「積極的自由」として高く評価します。カントによれば、人間が外的な強制力から解放されている状態とは、「消極的自由」にすぎないのです。問題は、自由観の相違という点から解決をはかられるべきかもしれません。フロムの主張を無批判かつ安易にうけいれてしまうことには、当然ながら危険がともなうでしょう。しかし、この節では、「自由のアポリア」を回避したいという意志が、人間の心性の一端に定位される事実をあきらかにするために、まずはフロムの主張に耳を傾けてみましょう。

フロムの『自由からの逃走』には、精神の弱さのゆえに「～からの自由」に耐えきれなくなった人間が「～への自由」へとはしっていく、いくつかの実例が書かれています。そうした実例のひとつが、中世と近代とを画する宗教改革です。ルターやカルヴァンによって宗教改革が行われる以前、中世西欧社会は、およそつぎのような状態に置かれていました。すなわち、ローマ教皇の絶対的な権威に服する教会が、村々にひとつずつ存在し、それらの教会の司祭たちが、それぞれの村人たちの精神的な支えとなっていました。教会は村人たちを精神的に結びつける紐帯として機能しており、村人たちは、個々にかかえる悩みを司祭にうったえて、その解決をはかっていました。ところが、ローマ教皇の権威が巨大化し、司祭たちが精神的な意味での生殺与奪の権限を掌握して、一般民衆を抑圧し始めると、教会は絶対的な拘束力を備えた世俗の権力へと変貌してしまいます。抑圧の頂点をきわめたのは、教会による免罪符の発行でした。高額の免罪符を購入した者は天国に召され、購入を拒んだ者や貧困のゆえに購入できなかった者は地獄におちるという教会の主張は、教会税の納付とあいまって、一般民衆を塗炭の苦しみにおとしいれました。

教会を、ひいてはローマ教皇を仲介としてはじめて神とつながることのできた中世の民衆は、そうした苦しみを甘受せざるをえませんでした。教皇権をうしろだてとするカトリック教会は、中世の民衆にとって、心身両面において束縛以外の何ものでもなくなってしまったのです。ルターやカルヴァンの宗教改革は、こうした束縛からの民衆の解放をめざして遂行されました。ルターやカルヴァンは、「ただ信のみ」(sola fides)ということばのもとに、教皇や教会の権力から離れ、聖書によって直接神に結びつくことの大切さを説いたのでした。

活版印刷の普及にともなって、従来はラテン語訳が主だった聖書が、西欧諸国の母国語に翻訳されたことを機として、宗教改革運動は佳境を迎えることになります。多くの民衆が、聖書を読み神に直接むきあえばよいとする、ルターやカルヴァンの教えに導かれて、カトリックからプロテスタントへと立場を変えました。宗教改革運動は、スイスやドイツなどを中心に大きな成功をおさめるに至りました。こうして、多くの民衆がカトリック教会の束縛からの自由を獲得し、みずから直接神に対向するすべを学んでいったのです。民衆は、いっさいの外的な拘束力から脱し、「~からの自由」を確立したかに見えました。ところが、とフロムはいいます。教皇と教会の権威・権力から解放されたはずの民衆のなかに、奇妙な現象が起こったのです。民衆は、宗教改革運動に加わることによって、みずからすべてを選ぶことのできる自由を得たはずでした。しかし、彼らは、せっかく手にしたこの自由に耐えることができなかったのです。どういうことでしょうか。常識的に考えるかぎり、理解に苦しむ事態だといわざるをえません。けれども、カトリック教会からの自由を得て、教会を媒介とせずに直接神と結びつくことができるはずだった民衆にとって事態は深刻でした。神は、彼らが日常的に依拠すべき存在としては、あまりに超越的で崇高でありすぎたのです。すなわち、カトリック教会の束縛をまぬがれたひとびとには、日常的な行為の規範を示してくれる新たな存在が必要となったのです。

さきにもちょっとふれたように、中世西欧の農村にひとつずつ配置されたカトリック教会は、元来、村人たちを精神的に支える機能をになっていました。そればかりではありません。はやり病への対処法や、牧羊・牧牛・養豚などの技術に関する何らかの知識を伝授するという意味で、カトリック教会の司祭たちは、物象の面からも村人たちを支えていたのです。ルターやカルヴァンの宗教改革運動に乗じて、教会からの自由を得た民衆は、直接神に対向せよという新教の教えを奉ずるかぎり、もはや何ごとに関しても司祭たちの教授を得ることができなくなってしまいました。はやり病への対処法を求めても、聖書にはそのようなことは書かれていません。聖書は、神や聖人たちの奇蹟を伝えるだけで、その内容（奇蹟の背後にかくされた意味）を具体的に示してはくれません。いくら神に祈ってみても、牧羊・牧牛・養豚などの技術をどう進めるべきかを、神は教えくれません。新教の「ただ信のみ」という教えは、日常的な行為の規範を示さなかったのです。新教に帰依した民衆は悩みました。フロムによれば、その苦悩は、民衆をあらぬ方向へとさしむけます。すなわち、民衆は、カトリックの教会に代わる新たな教会を、つまり教会を持たないはずの新教の教会をつくりあげる方向へとむかったのです。

これは、「〜からの自由」を真の自由と見るフロムの視点からすれば、異様な事態でした。民衆は、カトリック教会からの自由に耐えかねて、新教の教会への自由を選んだ、とフロムは考えます。彼によれば、民衆はその精神的な弱さのゆえに、自由の理想的な態様を捨てて、本来在るべからざるものともいうべき「〜への自由」にすがりついてしまったのです。こうした、自由をめぐる姿勢の変容は、第二次世界大戦の直前にフロムの母国ドイツを襲ったナチズムのうちにもみとめられます。いや、フロムは中世と近代とを画する宗教改革運動よりも、むしろナチズムのほうにより強い関心をさしむけていたと見てもよいでしょう。宗教改革をめぐって自由観が変容するありさまについての粗描は、フロムにおいて、ナチズムの勃興過程の暗喩であったといっても過言ではないように見うけられます。彼は、ナチズムがドイツ社会を席捲する過程をおよそつぎのようにとらえています。

周知のように、第一次世界大戦はドイツの敗北によって終結しました。その際、ドイツの帝政は跡形もなく消え去り、ワイマール共和国という、民主主義の理想像を体現する憲法をもった新国家が登場します。ドイツ国民は抑圧的な帝政のくびきから逃れ、自由を謳歌することができる状態に置かれたのです。フロムにいわせれば、これはドイツ国民が「〜からの自由」を獲得したことを意味します。「～からの自由」のもと、ドイツ国民はありとあらゆる民主的な可能性を追求することができるはずでした。ところが、現実はそのように推移しませんでした。ヴェルサイユ条約によって課された膨大な賠償金が、ドイツ経済をいちじるしく圧迫したからです。

戦勝諸国に膨大な賠償金を支払うために、ワイマール共和国はマルク紙幣を大量に増刷しました。これによって、ドイツ経済は極端なインフレ局面を迎えることになります。トランクいっぱいにマルク紙幣をつめこんで市場に行っても、卵一個しか買えないという事態が生じたのです。ドイツ国民は窮地に追いこまれました。帝政による種々の抑圧からの解放を謳歌したのもつかのま、彼らは極端な生活苦にあえぎはじめたのでした。しかも、そうした生活苦から脱する手段を考えることは、皇帝とそれを取り巻く一部の為政者たちではなく、共和国の主権者たるドイツ国民各自の役割であるということになりました。彼らは、自分たちを窮地から救い出す手段を、みずから考えなければならないという状態に置かれたのです。彼らは困惑しました。帝政による束縛を逃れて、あらゆることを選びうる可能性を獲得しはしたものの、具体的にどうふるまってよいのか、彼らにはわかりませんでした。そんなとき、政界で台頭しつつあったのがアドルフ・ヒトラー率いる国家社会主義ドイツ労働者党、すなわちナチスだったのです。

ナチスは、再軍備による国勢の回復を党是とし、公共投資によるインフレの解消と雇用の拡大を追求しました。その政策をおし進める原動力の中枢には、ヒトラーという、強力な指導力をもつカリスマ的な統率者がいました。注意を要するのは、ナチスの台頭は、武力によってもたらされたものではなく、正当な国政選挙の結果であったということです。ドイツ国民は、帝政からの自由をもたらしてくれたワイマール共和国を早々に見かぎり、ヒトラーの指導力に大きな期待を寄せました。フロムにいわせれば、これは、みずからがすべてを決断し選ぶことの重荷に耐えかねたドイツ国民が、決断と選択の権限をヒトラーにゆだねたことを意味します。ナチスの台頭とその政権掌握は、「水晶の夜」などの例外的な事件を除いて、ほぼ平和的になされたのであり、その推進力はドイツ国民の支持でした。フロムは、ここに「自由からの逃走」という事態をみとめます。すなわち、困窮する国民は、絶対的な拘束力から解き放たれすべてを自在に選べる状態としての自由を獲得しておきながら、決断し選ぶということの重圧に押しひしがれて、その自由から逃走し、あえて総統ヒトラーとナチスによる支配という不自由を選びとってしまったのだ、とフロムは考えます。

ナチスが政権を掌握し、ひいては世界大戦を引き起こすまでに至った経緯について、その原因を、「自由からの逃走」という事態にのみ求めることには、当然無理がともなうでしょう。じつは、ナチスによる政権掌握後のドイツ経済は、きわめて良好なものになっていました。まず、アウトバーン（自動車道路）を作り、そこに走らせる自動車の生産を大規模に展開するというナチスの政策は、国民の雇用を大きく拡大し、失業者の大幅な減少とインフレの抑制をもたらしました。ナチスの政策によって、ドイツ国民の生活水準は第一次世界大戦前のそれをはるかに上回るようになったのです。人々は歓呼の声をあげてヒトラーとその政権を支持しました。ドイツ国外に住んでいた多数のドイツ人たち、たとえば、オーストリアやチェコのドイツ人たちは、ナチスの支配権が自国にまで及ぶことを強く求めました。それが、ナチスドイツによるオーストリアやチェコの併合という形で、ナチス政権の強大化を招き、やがて第二次世界大戦の引き金となっていったのです。ただし、全権委任法に基づいて展開されるナチスの政策は、強圧的で強権的な性格を濃厚に示すものでした。ナチス政権下では、国民の自由が圧迫され、ユダヤ系国民は徹底的に迫害されることになります。ヒトラーとその党派に選挙で投票したひとびとは、ヒトラーたちが国民の自由に対する配慮などとはまったく無縁であることを重々承知していたはずです。にもかかわらず、あえてヒトラーとその党派を政権の主体として選んだとき、ひとびとは己れの自由から逃げていたのだといえましょう。フロムの『自由からの逃走』は、ナチスの台頭という事態を完璧に説明しつくすものではないにしても、その一端を鋭くつくものといってもよいと思われます。

フロムが洞察したように、人間は弱さをかかえこんでいます。その弱さは、「自由のアポリア」や「自由の刑」に耐えることを不可能にし、ときとして人間を自由から逃走させることにつながってしまいます。逃走のさきに見えてくるものは不自由ないしは強制でしょう。選択の可能性におびえるあまり、選択できない状態、あるいは特定の何かへの選択を強要される状態を選ぶというのは、なんという不条理でしょうか。しかし、人間は自己の内面にそのような不条理を定位させつづける存在なのかもしれません。ただし、このことは、「〜からの自由」を阻むものが「〜への自由」であることを意味しているとはかぎりません。たしかに、フロムの文脈からは、「〜への自由」にむかって逃走する人間の姿が見えてきます。けれども、「〜からの自由」が破綻したのちに、わたしたちの前に忍び寄るものが「〜への自由」であるとは断定できないと思います。わたしたちは、自由の欠けた状態、つまり欠落態へとむかって逃走するのであり、その逃走の過程そのものが「〜への自由」だと考えるのは、思考の短絡ではないでしょうか。

なるほど、「〜への自由」とは、選択の可能性をみずから狭めるものです。ですが、その「狭める」ことが、あえて何かをめがけて積極的に遂行される場合、わたしたちは「〜への自由」が単なる欠落態だとはいいきれないように思われます。たとえば、ひとりの異性を徹底的に愛そうと意志するがゆえに、ほかのすべての異性への愛を封印しようとするひとには「〜からの自由」はもはやありえないわけですが、それをもってそのひとが不自由になったとか、強制力のくびきにつながれるに至ったとかというふうに判断することは、事実の誤認になるのではないでしょうか。

わたしたちは、崇高な目的のために、みずからの「〜からの自由」を故意に制限することもあります。その制限そのものが「～への自由」を意味するとすれば、それはけっして欠落態などではありえません。もちろん、「～からの自由」が、崇高な目的への志向性を成り立たせる基盤として、大きな価値をもつことは否定できません。だからといって、自由は「～からの自由」のみに限定されるとはいえないと思います。目下の段階では、「～からの自由」と「～への自由」のいずれが、より重い倫理的価値をになうのかをきめることはむずかしいでしょう。わたしたちは、哲学史・倫理学史のさまざまな局面を具体的に検討すべき段階に達したようです。先哲のなかには、「～からの自由」に比重を置くひともいれば、逆に「～への自由」をいっそう重要なものと見なすひともいます。さらには、両者の融合を期するひともいます。いずれの立場が正しいのか。つまり、いずれの立場が、わたしたちがみずからの日常を生きるうえでより有意義であるのか。自由観ないしは自由論の歴史をしっかりと見つめながら、わたしたちはこの問題に対して何らかの回答を与えなくてはなりません。

第二章　ストア学派の自由観

1　アパテイアという理想

自由観ないしは自由論の歴史をひもとくうえでもっとも重要な哲学の学派のひとつとして、わたしはストア学派の名をあげたいと思います。この学派においては、「運命」ということが重視され、この世界すなわち宇宙は隅々まで運命によって支配されているにもかかわらず、人間の自由はいかにして可能になるのか、という問題が正面から問われているからです。自然科学に慣れ親しんだわたしたち現代人は、宇宙が理法によって貫かれているとみています。宇宙は微細な部分に至るまで因果必然的な理法によって支配しつくされており、その理法を数式化して理解すれば、わたしたちの知の世界は確実に広がっていく。わたしたちは、そう考えることに何ら疑いをいだいていないように見うけられます。わたしたちのなかには、宇宙の根本構造は「神の数式」にもとづいて成り立っており、この数式を解きあかしたならば宇宙の謎はすべて理解されたことになる、と考えているひとびとすらいます。そのような考えかたに立つとき、わたしたちは人間の意志の自由というものが、はたして存在しうるのか否かを問わざるをえません。万事・万象が因果必然性によっておおいつくされ、しかもそのもといとして超越的で絶対的な神が存在するとすれば、わたしたちの自由など何の意味ももたなくなってしまうからです。

しかし、人間は、自分がまったく自由ではないと信じることなどできません。わたしたちの日々の行為は、わたしたちがみずから積極的にそれを選んだと信ぜられる場合にこそ、意義あるものとなるからです。したがって、わたしたちは、どうしてもこう問わざるをえません。「すべてが因果必然性のくびきにとらわれているにもかかわらず、人間の自由が可能になるのはなぜか」と。ストア学派は、この難解をきわめる問いを哲学史上において最初に問うた学派でした。その意味で、倫理学の中心課題として自由の問題を措定するわたしたちは、ストア学派の自由の哲学をまず第一に俎上にのせる必要があると思われます。ストア学派の自由観とはいかなるものでしょうか。それこそが、この章の主たる問題となります。しかし、それを問う前にまず、この学派の思想に関して、その概要をあきらかにしておく必要がありそうです。

ストア学派とは、紀元前四世紀末ころに、キプロス島キティオン出身の哲学者ゼノンによって創始された学派です。初学者たちがしばしば混同しがちなのは、このゼノンとエレアのゼノンです。エレアのゼノンはキティオンのゼノンよりも一世紀半ほど早い時代に活躍していた哲学者で、いわゆる「ゼノンの逆理（パラドクス）」によって有名です。いささか本筋からそれますが、ここで「ゼノンの逆理」の一端にふれておきましょう。のちに述べるように、ストア学派は人間の「理性」の能力を重んじた学派なのですが、「ゼノンの逆理」は、その「理性」に限界がありうることを暗示するものです。理性主義について論じるひと、あるいは理性主義の立場に立つひとは、一度は真剣に「ゼノンの逆理」にむきあっておくべきでしょう。

エレアのゼノンは、運動というものはこの世界にありえないと説きます。それは運動が可能であるとした場合、人間の理性は逆理におちいり身動きがとれなくなってしまうからです。エレアのゼノンは、四つの逆理をかかげています。残念ながら、ここではそのすべてをご紹介することはできません。おもなものをふたつだけあげておきましょう。ひとつは、「飛ぶ矢はとまっている」というものです。いまA地点に立つわたしが、射程圏内にある目標Bにむかって弓で矢を放ったとしましょう。矢は放物線を描いて動きつづけ、やがてBもしくはその周辺に落下するはずです。常識的に考えれば、矢は一瞬もとまってはいないでしょう。ところが、とエレアのゼノンはいいます。矢は、放物線を描いて飛ぶためには、一瞬一瞬においてその長さに等しい位置を空中に占めていなければならない、と。するとどういうことになるでしょうか。飛ぶ矢、すなわち運動している矢は、極小の時間において静止していることになるのです。すると、わたしたちは飛ぶ矢に関してつぎのようにいわなくてはならないことになります。すなわち「飛ぶ矢はとまっている」と。これは逆理以外の何ものでもありません。エレアのゼノンによれば、こうした逆理が生じるのは、わたしたちがありもしない運動などというものを想定するからだということになります。

もうひとつは「アキレウスと亀」という名で人口に膾炙してきた逆理です。アキレウスはギリシアの英雄であると同時にすぐれたアスリートでもあります。亀は、鈍重で、歩く速度の極端に遅い動物として知られています。そのアキレウスと亀が、一キロメートルほど前方の同一のゴールをめがけて競走するとしましょう。同時にスタートしたのでは、アキレウスが勝つことは目に見えており、何のおもしろみもありません。そこで、両者のあいだにハンディを設けることにします。亀はアキレウスの百メートルほど手前からスタートするのです。亀がスタートする地点をB地点、アキレウスがスタートする地点をA地点としましょう。当然のことですが、アキレウスが亀を追いこすためには、まず亀に追いつかなければなりません。アキレウスは、亀がいるB地点にむかって猛然とダッシュします。しかし、彼は亀を追いこすことができません。アキレウスがB地点に到達するまでにはt_1という時間を要し、そのt_1のあいだに亀はわずかに前進してC地点に達しているからです。アキレウスは亀を追いこすべくさらにC地点にむかいます。ところが、この場合も彼は亀を追いこすことができません。アキレウスはC地点に至るためにt_2という時間を要し、そのt_2のあいだに、亀はごくごくわずかながら前進してD地点に行ってしまっているからです。アキレウスと亀は、こうした事態をゴールに至るまでくりかえすことになります。そしてついにアキレウスは亀を追いこせないのです。すくなくとも理論上は、競走の勝者は亀ということになります。こんなばかげたことが現実に起こるとは、常識的にはとうてい考えられません。ところが、筋道立てて理性的に考えてみると、理論上どうしてもそうならざるをえないのです。

余談ですが、わたしにはふたりの娘がおります。長女は二十六歳、次女は二十三歳、二人とも大学院生で、わたしの細いすねをかじって生きています。その二人の娘がまだ六歳と三歳のころのことでした。わたしが食卓で「アキレウスと亀」の話をすると、二人とも興味深そうに聞いておりました。その翌日、三人で散歩に出かけたとき、二人の娘は「アキレウスと亀」ごっこをしました。亀に扮した三歳の次女が十メートルほどさきからスタートし、アキレウスに扮した六歳の長女がそれを追うという形で競走をしたのです。運動能力に関しては次女は長女にまさりますが、いかんせん三歳の年齢差があります。ほどなく、長女は次女を追いこしてしまいました。すると憤然として、次女が長女に抗議しました。「お姉ちゃん、ずるい。アキレウスは亀を追いこせないんだよ」と。長女もまた憤然としていいかえしました。「でも追いこせるんだから仕方がないじゃないか」と。険悪な空気が漂い、ついにふたりは殴りあいとなり、わたしがとめにはいったころにはふたりとも血まみれになっておりました。

なぜこんなばかな話をしているのかというと、アキレウスが亀を追いこせるということは、三歳や六歳の幼児にもわかることだといいたいからです。こんな幼児にもわかることが、理性の力を駆使して理論的に考えるとすっかりわからなくなってしまうのです。じつに奇妙なことです。この奇怪な逆理を解くために、アリストテレス以降多くの哲学者や数学者が多大な努力をはらってきました。ところが、この逆理はエレアのゼノン以後二千五百年のあいだ、結局だれによっても解消することができないままなのです。

わたしとしては、みなさんを誘ってみたい誘惑にかられます。「この逆理を解くために一生を捧げてみないか」と。もし解くことができれば、人類最大の謎のひとつが解明されたことになります。これはノーベル賞ものでしょう。運が悪いことにノーベル賞には哲学分野も数学分野もありませんが、世界を驚かせる大業績になることだけはたしかです。とはいうものの、やはりやめておいたほうがよいかもしれませんね。先哲たちが正面から挑んではねかえされてきた問題を考えてみたところで、結局は厚い壁に阻まれるだけかもしれませんし、またこの問題を解いてみてもアキレウスが亀を追いこせるという現実的事態には何の変化もないからです。しかし、それにしても不思議です。なぜ感覚的には幼児にも簡単にわかってしまうことがらが、理性的には説明できなくなるのでしょうか。

この「アキレウスと亀」の逆理とカントが『純粋理性批判』のなかでとりあげる「純粋理性の

アンティノミー（二律背反）」とを重ね合わせてみると、どうやら人間の理性には何らかの欠陥が潜んでいるように思えて仕方がありません。欠陥というよりも、むしろ限界があるというべきなのでしょうか。いずれにしても、エレアのゼノンは、運動否定の論理を理性的に推論することによって、理性がみずからのうちにかかえこんでいる問題点を明確にしたといえましょう。理性とは、わたしたち現代人が考えるほどに完全無欠なものではないのかもしれません。ところが、わたしたちはもとよりのこと、古人たちも理性の権能に重きを置いてきました。ストア学派の哲人たちも例外ではなかったようです。

ストア学派の創始者であるキティオンのゼノンは、人間の能力のなかでもっとも重要なものは理性のそれだと考えました。感性の動揺をおさえて純粋に理性的に生きることこそ人間の在るべき姿であるというのが、キティオンのゼノンの人間観でした。感性はゆらぎます。好き嫌いの感情、あれをしたいこれをしたくないといった願望などを含むからです。こうした感情や願望に支配されるかぎり、人間の精神は安定性を欠いてどこまでもゆれ動くのです。たとえば、特定の異性を好きになった場合を例にとってみましょう。その場合、好きになった「わたし」は、彼女（彼）とともに過ごしたいとか、彼女（彼）の喜ぶことをしたいとか、もろもろの欲望のとりこになってしまいます。もはや、彼女（彼）がじつのところ何ものなのかということを冷静に考える余裕などなくなってしまいます。こころは、彼女（彼）の一挙一動にあわせて激しく動揺し、ことの道理を追うゆとりを欠いてしまうのです。このような情態は、まさに「わたし」が情念の奴隷になってしまったことを意味しています。おおいかぶさってくる情念に対して何の抵抗もできない「わたし」が裸出します。キティオンのゼノンは、そのような在りようを、人間の本来性から逸脱した姿として、極力しりぞけようとします。それゆえキティオンのゼノンは、冷静な推論を遂行する能力としての理性の権能によって、人間の情念をおさえこもうとします。いいかえれば、理性の力が感性を凌駕し、感性にかかわる事物や事態によってはけっしてこころが乱されない情態を、キティオンのゼノンは人間の在るべき態様と見るのです。

こうした見かたのもとに、キティオンのゼノンは「アパテイア」を説きます。「ア」は否定辞、「パテイア」とは「パトス」、つまりわたしたち人間のこころの底から沸々とわきあがってくる情念のことです。したがって、「アパテイア」とは、情念のない情態、ないしは情念によるこころのゆれをおさえこんだ情態を意味することになります。「無感不動」という訳語を当てはめてもよいでしょう。どのような感情にも情念にも支配されることなく、逆にそうした感情や情念を支配し自在に統御すること。これこそが、「アパテイア」でした。「アパテイア」という情態は、理性の力によって導かれます。要するに、ただ理性の力にもとづいて冷静に推理し、理性に反することは何ごともうけつけないというこころの在りかた、これこそが「アパテイア」（無感不動）であったといえます。

ストア学派は、クレアンテスからクリュシッポスへ、さらにはパナイティオスやポセイドニオス（いわゆる「グリークストア」）らを経て、古代ローマの奴隷思想家エピクテトスや皇帝思想家マルクス・アウレリウス（いわゆる「ローマンストア」）などへとつながってゆきます。その継承の過程で、ストア学派の思想内容は大幅な変容を遂げてゆきます。ところが、そうした変容過程のなかで変わらなかったものがひとつだけありました。それが「アパテイア」の理想です。

アパテイアの理想とは、いっさいの喜びや悲しみ、楽しみや苦痛を排除して、徹底的に理性的に在ることにほかなりません。しかし、なぜストア学派はそれほどまでに理性を重んじ、懸命に感性的なものをしりぞけようとしたのでしょうか。正直にいって、理解に苦しむところです。喜びもなく悲しみもない、苦痛もないかわりに何の楽しみもない人生。わたしは、そんな人生を生きたいとは思いません。日々の営みのなかに、小さな喜びや楽しみを見いだしながらこころ静かに生きることは、けっして不可能ではありません。こころの平静を求める場合に、感性的なもののすべてが邪魔になるとは思えません。悲しみや苦痛だけを排除するならばともかく、喜びや楽しみのようなプラス方向の感情さえも捨て去ろうとする彼らの態度には、一種異様なものがあると考えるのは、おそらくわたしひとりではないでしょう。

その程度のことは、ほかならぬストア学派の哲人たちもよく理解していたはずです。にもかかわらず、彼らがあえてアパテイアの理想に拘泥したのには、どうやらある事情がありそうです。

それは、彼らの世界観（宇宙観）が彼らに要請した「こだわり」だったのではないかとわたしは考えます。では、彼らの世界観とはどのようなものだったのでしょうか。

2　ストア学派の世界観

わたしたち現代人は、宇宙が限定されているとは考えません。どのようにして宇宙が生じたのかは、いまだに謎めいていますが、現代科学ではいちおうつぎのように考えられているようです。まったくの無の状態のなかでビッグ・バンという大爆発が起こり、そこから宇宙が誕生した、と。電子望遠鏡という最新の装置を使って任意の惑星と地球との距離を計測してみると、その距離は毎年少しずつ広がっているそうです。このことは、宇宙が膨張しつづけていることを意味しています。ここから、宇宙は限定されているどころか、無限大に拡張しているという認識が成り立ちます。そればかりではありません。宇宙はひとつとはかぎらないと考える宇宙物理学者もいます。もしそうだとすれば、宇宙は、それ自体無限定であるという意味においてばかりではなく、その外部にも同じように無限定な宇宙が存在するという意味でも「無限」であるということになります。しかし、古代ギリシア人はそうは考えませんでした。

彼らにとって、宇宙すなわち「世界」とは限定されたものでした。また、彼らは、地球が太陽の周りを回っているという地動説をとらず、逆に太陽とそのほかの惑星が不動の地球の周りを回っているという天動説の立場に立っていました。ストア学派も例外ではありません。目に見える事物しか信じないという意味で唯物論的でさえあった彼らは、地球が球体であることをすらみとめませんでした。ストア学派にとって、地球は平面的な大地であり、その周囲を月、水星、金星、火星、木星、土星などの惑星や太陽が経めぐっていると考えていたのです。

ストア学派によれば、月から太陽までを含む七つの星々の動きは、地球（大地）から見ると、それぞれ半円形の層をなすものでした。それらの層をつつみこんでいる半円形の最後の軌道が恒星天でした。ストア学派の哲人たちは、この恒星天によってつつみこまれた全体を世界（宇宙）として認識していたのです。世界の外側には何ものも存在しません。いや、厳密には、彼らは「世界の外」という概念をもたなかったといえましょう。彼らにとって、世界は恒星天によって限られたものとして有限だったのです。そして、この有限な世界全体を、彼らは「神」と見なしました。この場合、神は単数です。するとストア学派の神観は、のちのキリスト教の神観に類似しているように見えます。オリュムポスの「神々」を信じていたはずの彼らが、なぜ神を単数ととらえたのか、その事情はわたしにはよくわかりません。しかし、神の単数性という概念が、ストア学派とキリスト教とのあいだで通底するものであることだけはたしかです。キリスト教もその初期には、ストア学派とさしてちがわない世界観をもっていました。ただし、両者のあいだでの神観の類似性は、ごく表層的なものにすぎません。なぜなら、ストア学派が、世界全体を神と見るのに対して、キリスト教では、神は世界をこえて世界を創造するものと目《もく》されるからです。

ストア学派によれば、神とイコールで結ばれる世界はひとつの理法によって貫かれています。七つの層をなす天体も、大地としての地球も、そしてその大地のうえで暮らす人間も、その理法にしたがって動いています。それは何ものによっても変えられることのない決定的な定めとして機能し、いかなる事物もそれに反して作用したり動いたりすることはありません。なぜなら、世界の理法とはそのままただちに神の理法であり、神は崇高にして絶対の存在だからです。しかも、ストア学派は、その理法をlogos、ratioとしてとらえます。いずれも「理性」という意味です。万事万物を貫く理法としての理性は、人間が有する理性と対応関係にあるというのが、ストア学派の認識でした。だとするならば、人間の理性は、世界の理法を体現していることになります。世界の理法は、絶対的なものとして遵守されなければなりません。厳密にいえば、人間はこれを遵守する以外の仕かたでは生きられないのです。そのように考えた場合、理性は人間の能力のうちでもっとも重要なものということになります。理性のよび声に呼応し、理性に服して生きることが、人間の唯一の生きかたであるという認識が、ここから生じます。ストア学派の哲人たちが、人生の喜怒哀楽を排して、冷静に物事を推論する能力である理性にのみ依拠する理由は、この点にこそ存していたといえましょう。彼らにとって、自己の理性にしたがうことは、宇宙の理法に即すること以外の何ものをも意味していなかったのであり、しかも宇宙の理法に即して生きる以外に人間の生きようはありえなかったのです。

さて、このように世界の理法は神の定めた理法であり、だれひとりとしてそれにあらがうことのできる人間は存在しません。ストア学派は、この理法を古代ギリシア思想の一般的な文脈に即して「運命」と名ざします。神の理法が運命ならば、運命は世界の事物を支配しつくす決定的で必然的な力ということになります。当然ながら、運命は人間の言動にも決定的な力を及ぼします。この世界のなかに生きる人間は、だれも運命に抗して生きることはできません。人間は、運命の力に服従しつつ、それを身にうけて生きる以外に別の手立てをもたない存在者ということになります。

ここに、ストア学派特有の「諦念」が生じます。古代ローマの奴隷思想家エピクテトスがそうであったように、ストア学派の哲人たちは、例外なしに、自身が置かれた情況を動かしようがないもの、そこに甘んじるべきものととらえます。ただし、彼らは、外部情況がどのような形で決定性を示しているにせよ、己れの内面には自由があると信じています。たとえば、エピクテトスの場合だと、奴隷という身分によって自身がいかに厳しく束縛されていようとも、内面の思索する自由はけっしておかされはしないと考えます。けれども、ここに不思議なことが一点生じてきます。ストア学派は万事万象が神の理法としての運命によって支配されつくしていると考えたのでした。ならば、どうして内面の自由だけが例外となりうるのでしょうか。神の強制力が人間の内面にまでは及ばないと考えたからでしょうか。しかし、キリスト教の神と同じく超越的な権能を備えたストア学派の神は、崇高にして絶対であったはずです。その権能は、人間の外部のみならず内面にも及ぶことになります。すると、ここに、ストア学派にとって、どうしても看過することのできない重要な問題が浮上してきます。万事万象が神の理法たる運命によって決定されているとすれば、人間の自由はどこにあるのか、という問題がそれです。ストア学派は以上に述べてきたような世界観に依拠しているかぎり、この問題を避けてとおることはできません。彼らはこの問題に対してどのような回答を導くのでしょうか。

本章の課題は、このことをあきらかにすることにあります。しかし、その前に、運命が万事万象を支配するという考えかたが、ストア学派独自のものというよりも、むしろ古代ギリシア人にとって一般的な思考であったことを明確にしておく必要があります。

3　ギリシア悲劇の運命観

わたしたちが、古代ギリシア人のものの見かた・考えかたを代表するものとしてただちに連想するのはソクラテスやプラトンの哲学でしょう。ソクラテスは、人類史上最初に、自己を「愛知者」（philosophos　哲学者）と規定した人物であり、プラトンはその忠実な弟子です。一般には哲学は万物の根源を水と見なしたタレスにはじまると考えられていますが、人間の生きかたやふるまいかたをめぐって、その在るべき態様を模索した最初の哲学者は、ソクラテスとプラトンでした。哲学は、世界の根源よりもむしろ人間の生そのものに深く密着すべきものでしょう。その意味で、哲学はソクラテスとプラトンからはじまったと考えるのが妥当のように思えます。そして、ソクラテスとプラトンは、古代ギリシア人が実際にそのただなかに置かれた現実に即して思索した哲学者たちであり、彼らの哲学は古代ギリシア的な特徴をあらわに示すにちがいない、とわたしたちは考えます。

ところが、この講義の第四章でふれることになるでしょうが、ソクラテスは、彼の祖国アテナイの民主制によって死に至らしめられた哲学者です。アテナイ人たちは、ソクラテスの哲学に違和感と反撥とをおぼえ、彼を死刑に処しました。それは、ソクラテスの哲学が、古代ギリシア的なものの見かた・考えかたを端的に反映するものではなかったことを示しています。師のソクラテスが死刑に処せられるさまを目《ま》のあたりにしたプラトンは、アテナイの現実政治から距離を置き、学園アカデメイアを創設して、そのなかで文字通りアカデミックな生活を送ります。晩年には、シラクサの改革運動に身を挺したプラトンですが、その試みも結局は失敗に終わっています。ソクラテスとプラトンの哲学は、古代ギリシア的なものの見かた・考えかたを代表するどころか、むしろそこから大きく逸脱するものであったと見るほうが自然なのではないでしょうか。彼らの名を古代ギリシア史上に燦然と輝かせる要因となったのは、彼らの哲学の、常識をこえる特殊性だったと思われます。

古代ギリシア人のものの見かた・考えかたを端的にあらわすものは、ソクラテスやプラトンよりも少しさきだつ時代から彼らの同時代にかけて、古代ギリシアの一般民衆のあいだに広くうけいれられたギリシア悲劇ではないでしょうか。ギリシア悲劇は、古代ギリシアの巨大な円形劇場を埋めつくした観衆たちの前で、白昼に上演されました。観衆たちの大半は、日常の労働から解放されていた都市国家の市民たちであったと推定されます。古代ギリシア人たち、厳密には古代ギリシアの市民たちは、演じられる悲劇に共感し、カタルシスさえおぼえていたのでした。それは、悲劇こそが彼らのものの見かた・考えかたを如実に反映するものだったからだと考えられます。悲劇には多くの作者たちがいたことでしょう。現存するよりもはるかに多数の悲劇が上演されたことはあきらかです。しかし、いくたびも上演され、ほぼ原型を保ったまま現代にまで伝えられている作品の大半は、いわゆる「三大悲劇詩人」によって制作されたものです。

三大悲劇詩人とは、アイスキュロス、ソポクレス、エウリピデスの三人をさします。彼らは多種多様な作品を制作しており、それらのモチーフがすべて同じであるとはいえません。ですが、彼らの多くの作品にはひとつの共通するテーゼがあります。それは、「人間は運命の糸に縛られており、それにあらがおうとする試みは結局はむなしい」というものです。以下、このテーゼをもっとも端的に示す作品、ソポクレスの『オイディプス王』を紹介しましょう。紹介は物語の筋を追うものですが、物語の進行過程に忠実に即するものではないことをおことわりしておきたいと思います。

遠い昔のこと、コリントの国に文武にひいでたひとりの若者がおりました。彼はコリント王の息子でその名をオイディプスといいました。彼は、王のすぐれた後継者となることを期待され、何ひとつ不自由のない生活をおくっておりました。ところが、ある日のこと、オイディプスは、良からぬ噂を耳にします。彼がまだ幼児のころに、「この子は、長じてのち自分の父を殺し、母を妻とするであろう」という神託がくだったというのです。驚いたオイディプスは、コリントの国を出奔することを決意します。神託はあらがいえぬものであり、このままコリントでときをすごせば、自分はかならず父を殺し母を娶ることになってしまうと考えたからです。

コリントを離れたオイディプスは、テーバイに向かう道をとぼとぼと歩いておりました。すると前方から二頭立ての馬車がやってきました。馬車には、御者のほかにひとりの立派な身なりの男が乗っていました。オイディプスは、ふとしたきっかけでその男と口論になります。やがて口論が昂じ殴り合いの喧嘩になってしまいます。腕力にまさるオイディプスは、とうとうその男を殴り殺してしまいました。そして、何ごともなかったかのように平然として、テーバイへの道を歩みつづけました。

そのころテーバイの国では、民衆は、スフィンクスという人面獣の化物の災いをこうむり、はやり病に苦しんでいました。王ラーイオスは、スフィンクスを倒すために神託を仰ぐべく国をあとにしたままゆくえ不明となっており、王妃イオカステはただ困惑するばかりで、なすすべもなく手をこまねいていました。ちょうどそのころ、オイディプスはテーバイの国の入り口に到達し、崖の上で眼下の街を睥睨しているスフィンクスと出会いました。スフィンクスは、オイディプスに賭けをすることを申し出ます。もし自分が出す謎にお前が答えられたなら、自分は崖から飛び降りてやる、しかし答えられなかったら、お前を殺してしまおうというのです。その謎とは「最初は四、次に二となり最後は三になるものとは何か」というものでした。オイディプスは、即座に「人間」と答えました。正解でした。人間は、生まれたばかりのころは四足で這い、やがて二足歩行するようになり、老年になると杖に頼って三本足となるからです。約束どおりスフィンクスは崖を飛び降りました。もはやテーバイに災厄をもたらす存在はいなくなったわけです。

このことを知ったテーバイのひとびとは、オイディプスに王妃イオカステを娶らせてテーバイの新たな王に推戴しました。テーバイはやり病をまぬかれ、平穏をとりもどします。スフィンクスを倒した英雄オイディプスの統治下に、テーバイは二十年近くものあいだ平和を保ちつづけます。オイディプスとイオカステとのあいだには三人の子どもが生まれました。テーバイはいつまでも繁栄を謳歌するかのように見えました。ところが、突然この国はまたしてもはやり病におかされます。

オイディプスは苦悩しました。持ち前の知力をつくしても、はやり病を治める手立てが見いだせなかったのです。彼は神意をうかがうべく、預言者テイレシアスを宮中によび寄せます。ところが、テイレシアスは、もはや打つ手はないといいます。「それでも預言者か」と罵るオイディプスにむかってテイレシアスは、冷徹にいい放ちます。「父を殺し母を娶った男が統治するこの国は、当然の神罰を受けているのだ」と。このことばを聞いたオイディプスは、不安に駆られます。コリントで青春を過ごしていたころに耳にした神託を思い出したのです。「あるいは」という思いをいだいたオイディプスは、不安を打ち消すべく、真相の追及に乗り出します。

何よりも不審だったのは、前王ラーイオスのゆくえです。オイディプスはラーイオスの馬車の御者を務めた男を捜し出し、前王がどこへ行ったのかを尋ねます。御者は答えました。前王はある若者と口論になり、ついに殺されてしまったのだ、と。オイディプスは、コリントからテーバイへと向かう途上で起こった事件を思い出しました。「もしや」という気持ちをいだき、不安をつのらせたオイディプスは、王妃イオカステに、前王とのあいだにもうけた男児はどうしたのかと尋ねます。王妃はオイディプスがそれ以上の詮索をしないように懇願しますが、彼は聞きいれません。王妃は前王とのあいだに生まれた男児は、羊飼いにゆだねて奥深い山に捨てさせたとこたえました。そこで、オイディプスは、その羊飼いを捜し出し、ことの真偽を調べます。オイディプスの追及に屈した羊飼いは、生まれたばかりの男児を捨てるに忍びず、子宝に恵まれずに困っていたコリント王夫妻にゆだねたと打ちあけます。

かくて、ことの真相はあきらかになりました。「父を殺し、母を娶った男」とは、オイディプスにほかならなかったのです。あまりのことに絶望した王妃イオカステは、即座に首を括って死にます。オイディプスは、己れの両眼を剣で突き刺し、あえて盲人になることを選びました。運命に翻弄される現実に対して目を閉ざそうとしたのです。悲劇『オイディプス王』はここで終わっています。この悲劇が、運命というものは人力ではどうにも動かしようもないこと、人間がいかにあらがおうとも結局は運命の支配からまぬかれることができないことを物語っているのは明白でしょう。オイディプスとイオカステの年齢差などに関して不自然さをかかえこんだこの悲劇が、傑作としてときのギリシア市民たちにうけいれられたのは、ここで披瀝される運命観が、古代ギリシア人にとってごく自然なものだったからだと考えられます。運命によって万事・万象が規定されているという認識は、ひとりストア学派だけが有するものではなく、古代ギリシア人たちのあいだで通有的な考えかただったのです。もし、ストア学派の運命観に新しいものがあるとすれば、それは、運命を世界、すなわち神の理法ととらえた点でしょう。それが神の理法であるならば、運命の決定力はよりいっそうきわだったものとなります。

4　現代人と運命

すべてが運命によって支配されているとすれば、人間の自由はいかにして可能になるのか、というストア学派の問いを耳にしたみなさんは、おそらく、ストア学派とは、何と無意味なことを考えていたのだろう、とお思いでしょう。みなさんのなかの多くのかたがたは、運命の力などたんなる迷信にすぎない、と考えておいでではないかと思います。しかし、本当にそうでしょうか。みなさんは、すべてを自由意志で選択し、思いどおりの人生を生きておられるのでしょうか。みなさんは、この大学の人文学類に無事合格されて、一年以上を経たかたばかりです。入試に合格した際の喜びは、すでにはるかかなたの過去のことになっているかもしれませんね。しかし、その入試は、生半可なものではなかったはずです。本学の人文学類は、他の国立大学にくらべても、かなり偏差値の高いひとでないと入学できない学部です。みなさんは、自分に実力があったからこそこの難関学部に入学できたと思っておられることでしょう。

たしかに、みなさんは受験に関する能力は高かった。それはみとめます。ですが、能力が潜在的に高かったとしても、それが順調に開花するとは思えません。みなさんは、その能力を開花させるための環境に恵まれていたのではないですか。ひとりっ子、もしくは兄弟・姉妹がひとりないしふたり程度で、家庭の収入もそこそこだった。一軒家か比較的広いマンションに住み、自分の勉強部屋や、すくなくとも自分の勉強机くらいは親御さんが用意してくれていた。そういう恵まれた環境があればこそ、みなさんの能力は花開いたのではないでしょうか。平均的な収入の家庭で、兄弟・姉妹が十人以上もいて、自分の勉強部屋はおろか勉強机さえなかった。そういう家庭で育ったかたは、このなかにはおそらくひとりもおられないと思います。みなさんの恵まれた環境は、みなさんが自分の意志で自由に選んだものでしょうか。そんなことはないはずです。それは、みなさんに対して、一種の運命として与えられていた。そう考えるのが自然でしょう。みなさんは、みずからの運命の力でこの大学にみごとに合格された、といっても誤りではないとわたしは思いますが、いかがでしょうか。

わたしが、倫理学の教師として母校の教壇に立っているのも、かならずしもわたしの実力によることではありません。まったく能力がなかったとは思っていませんが、運も大きく作用したのです。大学院の同期とその前後七年ほどの時期の院生たちを合計すると、五十人ばかりおりました。そのなかで母校にもどり教壇に立っているのはわたしを含めてわずかに数人です。母校に残れずに他大学で教鞭をとっているひとはまだ恵まれたほうでしょう。同期生や先輩・後輩たちのなかには、長くて無理な非常勤講師暮らしの果てに若くして命を落としたひとが何人かおります。わたしが彼らのようにならずに、こうして母校の教壇に立っているのは、たまたま自分の専門分野のポストに空白が生じたからです。ポストが埋まっていれば、わたしはもどれなかったでしょう。しかも、わたしがいまの専門分野を選んだのは、自分の自由意志からではありません。

みなさんもご存じのように、わたしは、いま日本思想や日本倫理思想史を自分の専門分野としています。しかし、もともとはそうではありませんでした。わたしの学部の卒業論文のテーマは「カントの自由論」です。そして、修士論文のテーマは「キケロの哲学的弁論術」でした。そんなわたしが、日本思想・日本倫理思想史を専門分野とすることになったのは、一時的に恩師との関係が悪化したからです。詳しい事情をお話しすることはできませんが、わたしは修士論文を書くころに、ノイローゼ情態におちいりました。自分の研究に自信がもてなかったからです。そんなある日、わたしは指導教授の先生に非常に無礼なことをいってしまいました。先生がお怒りになって当然の発言です。先生は一時的にわたしを破門なさいました。そのため、西洋倫理学の研究ができなくなってしまったわたしは、やむをえず、別の先生のもとで日本思想・日本倫理思想史を研究せざるをえなくなりました。わたしが自分の専門分野を選択したのは、自分の自由意志にもとづいてのことではなかったのです。それは、わたしにとって運命のなせるわざだったとしかいいようがありません。なお、わたしが無礼なことを申し上げて怒らせてしまった先生は、度量の大きいかたで、一年ばかりして怒りを解いてくださり、以後はわたしの最良の導き手となってくださいました。その先生には、いまも年に数度はお目にかかり、楽しいひとときを過ごさせていただいています。わたしの研究の方法論は、その先生からたたきこまれたもので、わたしが、曲がりなりにもひとりの研究者として立っているのは、先生のおかげだといっても過言ではありません。

こうした具体例を見てくると、はたしてわたしたち現代人は、己れの運命とまったく無関係だといえるでしょうか。わたしたちは、すべてを自分の自由意志で選んでいるといえるのでしょうか。わたしは、それは無理だと思います。わたしたちは、自分の力をこえた何かわけのわからない権能に支配されており、その権能にもとづいて、幸いを得たり、不幸におちいったりしている。わたしには、そんなふうに思えて仕かたがないのです。『オイディプス王』に描かれているような壮烈な運命がわたしたちの人生を、その細部にわたるまで全面的に支配しているとまでは考えません。しかし、わたしたちの人生には運命的な要素があり、それにある程度まで影響をこうむりながらわたしたちは生きている。そう考えてもけっしてまちがいではないと思うのです。ですから、わたしたち現代人にとって、運命論などはよまいごとだと決めつけるわけにはいかないような気がするのですが、いかがなものでしょうか。

よく、相思相愛の関係で結ばれる男女のことを「運命の赤い糸で結ばれている」といいますね。「赤い糸」など妄想だと断定なさる方も多いでしょうが、どうもそう簡単にはいかないように思います。世の中には無数に異性がいるのに、そのなかで特定の彼女・彼氏でなければならなかった理由は何か。それを考えてみると、理由はよくわからないのではないでしょうか。何かインスピレーションのようなものが働いて、彼女・彼氏以外のことは考えられなくなってしまう。ほんとうは、ほかのだれかと置きかえてもいいはずなのに、どうしてもそれができないというのは、もはや自分の意志の力の問題ではないように思うのです。

かくいうわたしも、自分の意志力だけで結婚したとは、どうしても思えません。たまたま、目の前に妻があらわれたのです。当然ながら、妻とは最初の出会いがありましたが、もしその出会いの日に、どちらかが病気で床に臥せっていたら、その出会いはなく、わたしが妻と結婚するという事態も起こりえなかったのです。わたしと妻、それぞれの自由意志以外の何かが、偶然に働いたとしかいいようがないと思えて仕かたがありません。そして、その偶然の何かを、わたしは運命と呼びたいのです。

いまわたしは、ついうっかり口を滑らし、運命の力を「偶然」とよびました。ストア学派や、ギリシア悲劇にとって、運命とは人生を隅々まで支配する因果決定的な必然性でした。ならば、わたしが現代人もまたときとして運命にみまわれるという場合の「運命」と古代ギリシアのそれとは、質を異にするように見えます。しかし、そうではありません。運命とは人知をもってしてははかりがたいものだからです。つまり、人の知力をこえた運命は、占いでもしないかぎり、その正確なところがどうなっているのか、さっぱりわからないものです。そのわからない何か超越的なものが、現実を導いたとき、わたしたちはそれを「偶然」と意識するのです。ですが、運命それ自体は、おそらくわたしたちが生まれる前からすでに決定されているものです。まるで、わたしたちの身体を構成する遺伝子のように。それを「偶然」とよぶかぎり、わたしはまだ徹底的な運命論者にはなっていないというべきなのかもしれません。

しかし、わたしたちの知力をこえた超越的な権能があり、それが人生の多くのことを導いていると考えるとき、わたしは、「現代の運命論者」の一角に自分自身を置くことをためらう必要はないと思っています。要するに、わたしたちは、運命論を徹底的に否定できるだけの現実的根拠をもっていません。とはいえ、何もオカルト的な占いに頼る必要はないのですが、己れの人生を決めるものが己れの自由意志だけではないということだけは、わたしたち現代人にとって、最低限認識しておくべきことがらのように、わたしは思うのです。

さて、話をストア学派の自由観にもどしましょう。彼らは、万事・万象は因果必然的な運命に支配されているにもかかわらず、人間には自由が可能だと考えられる、あるいはそう考えるべきだというのですが、はたしてそれはどうしてなのでしょうか。

5　運命への自由

ストア学派の哲学は、その大半が断片としてしか現存していません。ストア哲学の全貌をあきらかにするには、今後の研究をまたなければならないでしょう。しかし、この学派の自由観については、有力な史料があります。紀元前一世紀のローマの思想家キケロの作品『運命について』（*De fato*）です。もとより、キケロ自身がストア学派の著作を完全な姿で読んでいたとはいえません。そこには伝聞に基づく記述が多いものと推察されます。けれども、『運命について』が、ストア学派の自由観を概括的に記した最古の史料であることは疑えず、現代にあって自由の問題を検討しようとする者にとって、この書がもっとも価値あるもののひとつであることは否定できません。

さて、この『運命について』によれば、ストア学派は、わたしたち現代人から見れば一種異様な考えかたをしていたことになります。わたしたちは、さしあたって、自由というものは人間の意志が拘束力から解放されて、すべてを選べる状態に在ることだと考えます。それはすべてを選べるのですから、当然善悪双方にむかいうる自由であることになるはずです。ところが、ストア学派は、善悪双方にむかう自由の存在を認めません。彼らは、人間にはふたつの自由があって、それは、ただ善のみを選ぶ自由とただ悪のみを選ぶ自由とである、と断定します。なぜそうなるのかというと、人間には有徳にして善なる人間と不徳にして悪なる人間の二種類しかいないからです。つまり、世の中には、いつもすでに有徳なる善意志をもった善人と、つねに不徳なる悪しき意志をもった悪人とがいるだけで、ひとりの人間に善き面と悪しき面の両方があるなどということはない、というのがストア学派の基本的人間観だった、と『運命について』は伝えています。

これを聞いて、わたしたちは簡単に納得することができるでしょうか。全面的な善人と全面的な悪人。その二種類しか現実にはいない、と考えているひとがわたしたち現代人のなかにはたして何人いるか、わたしには疑問です。すくなくともわたしは、自己の内面に善き部分と悪しき部分の両方をみとめます。たとえば、全力を傾けて大学で講義をすることは、教師たるわたしにとってまちがいなく善きことであるはずです。年間約三十回の講義のうち半分くらいについていえば、わたしは自分のもてる力のすべてを投入していると思います。我を忘れて懸命に語りぬきます。ところが、残りの半分くらいに関しては、どうしても怠け心が働いてしまうことを告白せざるをえません。何となくやる気が出ないとか、またしても給与を削減されたとか、さまざまな理由で、わたしは手ぬきの講義をしようとします。こうした在りようが大学教師として悪しきものであることは、ほかならぬ私自身が否定できません。簡潔にいえば、わたしの内部には善き我と悪しき我とが同居しているのです。みなさんも同様ではないでしょうか。完全な善人や、完全な悪人などは、テレビや映画などの娯楽時代劇に登場するだけの架空の存在だとわたしは思うのですが、みなさんもおそらくそのようにお考えでしょう。

ところが、ストア学派は人間の二面性をみとめないのです。おそらく、これは、彼らの理性主義に基づくものでしょう。世界のロゴス、自然界の理法を具現するものとしての理性によって自己を厳しく律する者が悪しき性質をもつはずはなく、逆に感性に引きずられている人間はそうしたロゴスあるいは理法を体現できないがゆえに善き性質を有しうるはずはない、と彼らは考えたのだと思います。

こうして、ストア学派は、道徳的にすぐれた人間（善人）がただ有徳であること（善）のみを選ぶ自由と、道徳的に低劣な人間（悪人）がただ不徳なること（悪）のみを選ぶ自由という、ふたつの自由だけがこの世にあると主張することになります。『運命について』によれば、ストア学派は、このふたつの自由が等価であるとはみとめませんでした。彼らにいわせれば、有徳なる者（善人）が有徳なる状態（善）を選ぶ自由はまさに理性の反映であり、それに対して、不徳なる者（悪人）が不徳なる状態（悪）を選ぶ自由は没理性のあらわれでしかありません。したがって、彼らにとって真に「自由」とよべる状態はただひとつしかないことになります。すなわち、有徳なる者、善人が有徳なる状態、善を積極的に選ぶことのみが自由であるということになるのです。しかも、これまで述べてきたことからもあきらかなように、この世界のなかでもっとも有徳なるもの、善なるものとは、世界と同義であるところの神がもたらすロゴス（理法）としての運命です。したがって、ストア学派にとって、真の自由とは、神の理法たる運命をさとって、それに積極的に随順していくこと以外の何ものでもない、ということになります。

このように、ストア学派にとっての自由とは、つまるところ、己れに与えられた運命をよくよく見定めて、けっしてあらがうことなくそれにしたがっていくことでした。敢然として運命に服従すること。それこそが彼らの自由であったといってもよいでしょう。彼らは、何もかも選ぶことができる自由を否定します。「～からの自由」は、彼らにとって真の自由ではなかったのです。彼らは「～への自由」が真の自由であるという観点に立った最初の哲学者たちであったといってもよいと思います。しかし、従容として運命をうけいれることに重きを置く態度は、現世をすこしでも善きものとして改革していこうという姿勢とはあいいれません。現世のできごとは、それが人間にとってどれほど苦痛に満ちたものであっても、「運命への自由」の名のもとに、全面肯定されてしまうことになります。ありていにいえば、ストア学派の自由観にしたがうとすれば、わたしたちは、現世の苦痛を、どれほど耐えがたいものであっても忍ばなければならないのです。こうした考えかたは、現世をすこしでもここちよいものとして改善していこうという意図をもったひとびとにとって、どうしても容認しうるところとはなりませんでした。ストア学派の自由観は、そうしたひとびとによって、現世肯定の消極主義、ないしは必要以上に諦念を強調するものとしてしりぞけられました。とりわけ、「快」という境地に人生の目的を見いだすエピクロスとその後継者たちのストア学派批判は、峻烈をきわめました。この講義では、つぎにエピクロス学派の自由観を考察してみたいと思います。

第三章　エピクロス学派の自由観

1　エピクロスの園

エピクロス学派とは、ストア学派とほぼ同時代に、サモス島生まれのアテナイ人エピクロスによって、アテナイにおいて創始された学派です。ストア学派のように学祖の思想が大幅な変容をうけることはありませんでした。エピクロスの死後は、メトロドロス、ヘルマルコス、ポリュアイノスといった後継者たちによって、彼の思想がもとの姿を保ったまま脈々と継承されていきました。エピクロス学派は、その根本思想に関してストア学派とまっこうから対立しましたが、学園の在りかたからして両者のあいだには大きなちがいがあったようです。ストア学派は、その「ストア」という名称からもあきらかなように、ギリシア建築の「柱廊」の下を歩きながら議論をした学派でしたが、エピクロス学派は、「エピクロスの園」とよばれる庭園を散策しながら互いに議論し合った学派でした。エピクロスがつくった庭園には四季の草花が咲き匂い、木々にはたくさんの小鳥たちが集まって美しい鳴き声を奏でていたそうです。エピクロスたちは、自然の風光と溶けあうことによって、ギリシアのおだやかな自然が醸し出す静かな情調に浸ろうとしたのかもしれません。

議論の場の雰囲気のちがいは、両者の哲学・思想に大きな差異をもたらしました。すでにお話ししたように、ストア学派は、喜怒哀楽の感情をしりぞけて純粋に理性的に生きることに人生の在るべき姿を求めました。これに対して、自然の美観を目《ま》のあたりにしながら議論を展開したエピクロス学派は、「怒」や「哀」をしりぞけはしても、「喜」や「楽」はけっして否定しようとはしませんでした。それどころか、エピクロス学派のひとびとは、「喜」や「楽」に満ちた人生をすばらしいものとして積極的に追求します。彼らはいいます。「人生の唯一の目的は快楽であり、快楽とは幸福である。哲学とは、この幸福の在りようを論理的に推理していくことにほかならない」と。エピクロスとその庭園につどったひとびとは、人間が生きるのは快楽を得るためだと説いたのです。しかも、彼らにとって快楽とは善にほかなりませんでした。後世の哲学史は、このことを評して、エピクロス学派は「快楽主義」の立場に立ったと記すことが多いようです。

快楽主義という名称には、いささか侮蔑的な意味合いがこめられているように思えます。たとえばわたしたちが、ほかのひとについて「あいつは快楽主義者だからな」という場合、理性を顧みず、ひたぶるに肉体的な欲求を追う欲望主義者をイメージしていることが多いようです。しかし、「快楽」とはマイナスのイメージでのみとらえられるべきこころの在りようでしょうか。わたしにはそうは思えません。人間にとって、気持ちのよいこと、ここちよいことはあきらかに善ではないでしょうか。友人と酒を酌みかわしながら語り合うときのここちよさ、恋人どうしで手を握り合うときの何ともいえない甘美な感覚、あるいは登場人物に感情移入しながら小説を読むときの楽しさ。そういったさまざまな快楽は、人生を有意義なものにするという点において、すばらしいものと評価されてしかるべきではないでしょうか。

快楽を理性に反するこころの状態として批判するストア的な厳格主義よりも、快楽の価値をたかだかとかかげるエピクロス的な快楽主義のほうが、人生の本質を鋭くうがつものだと考えるのはわたしひとりではないと思います。男女の深い結びつきとしての性交には、快楽がともないます。それは、本能に対して神が与えた贈り物であるといっても大げさではないでしょう。性交は本能にもとづくものです。でも、それは、子どもの誕生という、人間にとってこのうえもない大きな価値を与えてくれます。「快楽は善である」というエピクロス学派のテーゼは、どのような角度から見てもまちがっていないようにわたしには思えるのですが、みなさんはいかがでしょうか。

エピクロス学派は、ストア学派に対するアンチテーゼとして快楽主義をとなえています。その意味で、エピクロス学派の快楽主義には戦略的な要素がこめられているといえます。しかし、エピクロス学派は、ただストア学派をやりこめるためにのみ快楽主義をとなえたわけではなかったはずです。彼らは、快楽の意義（とくに男女間の快楽にこめられたそれ）をしっかりと認識していたのです。ストア的厳格主義が理性を重んじるあまりときに非人間性を露呈するのに対して、エピクロス的快楽主義は、人間性の本質にそうものであるといっても過言ではないように思われます。人間はだれだって、重苦しいことや辛く悲しいことよりも、明るく楽しいことのほうを好むものなのですから。そして、快楽が多ければ多いほど人生が豊かで幸福なものになることは、まちがいがありません。「快楽こそが幸福だ」というテーゼに関してもエピクロス学派は、決定的に正しいとわたしは思います。

このことについては、近代のイギリス経験論の哲学者たちの所説をとりたてて引用するまでもないでしょう。エピクロス学派は、人間性の現に在る姿や在るべき姿について、正しい認識を披瀝しているのではないでしょうか。エピクロスたちは、その美しい庭園のなかで、咲き匂う花々を眺め、小鳥たちのさえずりに耳を傾けながら、人間性の本質に即した議論を展開していたのでした。それは、美しい庭園がもたらした美しい果実であったといってもよいでしょう。ただし、まちがってはならないことがあります。エピクロスたちが求めたものは、「悪魔の快楽」や「放蕩者の快楽」ではないという点です。

2　アタラクシア

一口に快楽とはいっても、さまざまなものがあります。プラスの性格を帯びたものだけではありません。いわば「負の快楽」と呼ぶべきものさえあります。たとえば、つぎのような快楽を考えてみましょう。身体中に疥癬ができてしまったひとがいるとしましょう。かゆくてたまりません。その人は全身をかきむしります。すると、何ともいえないここちよさが生じます。そのここちよさは一瞬の感覚なのですが、かきむしるたびごとに全身をおおいます。しかし、これは、本当の快楽ではありません。かきむしるたびに疥癬を悪化させてしまう、それにもかかわらずかきむしることをやめられないという意味で、「負の快楽」、あるいは「悪魔の快楽」といってもよいでしょう。エピクロス学派が善と見なし、幸福ととらえる快楽は、当然ながらこのようなものではありません。彼らが疥癬に関して快楽と見るのは、その病が治療によって治ることです。治療がどれほど苦しいものであろうとも、健康をもたらしてくれるかぎりそれは快楽であるというのが、エピクロス学派の快楽主義です。悪魔の快楽はけっして真の快楽ではない、とエピクロスたちは断言するにちがいありません。

負の快楽にはつぎのようなものも考えられます。いわゆる酒池肉林です。このことばは、いまではほとんど使われなくなりましたので、意味がよくわからないというかたもおられるかもしれません。原義は、池のような大量の酒と林のような大量の肉を備えた豪勢きわまりない酒宴という意味です。かつてわたしは、この酒池肉林にあこがれておりました。

わたしは、はじめから哲学者・倫理学者になりたくて、大学の哲学科に入ったわけではありません。じつは小説家になりたかったのです。それもかなり不純な動機からです。時代小説を書いて、それが飛ぶように売れて有名になる。すると出版社の接待で、銀座や祇園できれいな女性たちを周囲に侍らせながら豪勢に酒が飲めるようになる。そうなりたくて、わたしは大学時代一心不乱に時代小説を書いては、文芸誌に投稿していました。けれどもいっこうに採用されませんでした。不純な動機の小説は、どこかに露骨な嘘をかかえこんでしまうものなのですね。編集者はそれを見ぬくのでしょう。大学四年間鳴かず飛ばずだったわたしは、さらに小説を書くための時間稼ぎをすべく、大学院に進学しました。そして、愕然としました。大学院とは研究の場であり、修士号を取るための必要単位数は、たった三十単位、博士号を取るためにはゼロ単位だったのですが、ひとつひとつの単位が学部のころにくらべてはるかに重く、しかもたくさんの論文を書かなければならなかったのです。大学院に入ると小説どころではなくなりました。研究に研究を重ねざるをえず、とうとう意に反して小説家ではなく学者になってしまったというわけです。真剣に学者をめざした多くの学友たちが、道なかばで挫折していったことを思うと、わたしのような小説家くずれが学者をしていることには、何がしかのうしろめたさがありますが、いまとなってはもうどうしようもないことです。

さて、酒池肉林、すなわち豪勢きわまりない酒宴に興ずることですが、エピクロス学派は、こうした快楽を「放蕩者の快楽」として忌み嫌いました。彼らは、楽しければそれでいいとか、物理的な意味での快楽がすべてだとかといったふうには思わなかったのです。彼らは、快楽には真なるものとそうでないものとがあると考えます。述べてきたような快楽、すなわち「悪魔の快楽」や「放蕩者の快楽」は、彼らにとって、快楽という名にあたいするものではなかったのです。エピクロス学派が、真の快楽とみとめたものは、厳密には「アタラクシア」という情態だけでした。

アタラクシアとは、「何ものにも煩わされない」という意味です。自分以外の何ものにも依拠せず、それゆえほかのだれにも邪魔されないことです。具体的には身体の健康をたもち、こころの平静を維持することでした。これはじつは容易に実現される情態ではありません。若者ならともかく、中年以上の年齢になれば、相当に節制しないかぎり健康ではいられませんし、何ごとに出くわしても冷静でいられるということは、年齢を問わずだれにとっても至難なことです。エピクロス学派のいう快楽とは、真の意味でそれを得ることが大変むずかしいものだったのです。

余談になるかもしれませんが、ここで一点注意をはらっておくべきことがあります。エピクロス学派が真の快楽を成り立たせる重要な要素として、身体の健康をあげている点です。ソクラテス以来の哲学の伝統のなかで、「健康」という身体の状態が問題にされることは皆無といっても過言ではありません。ソクラテスとそれ以後の哲学者たちが追求したのは、魂（精神）をいかに健全なものにするかという問題であり、身体の健康が主題化されることはなかったのです。しかし、よくよく考えてみると、身体が健康でないのに魂が健全であるということは、実際の生活のなかではほとんど不可能なのではないでしょうか。たとえば、風邪で発熱し頭がはっきりしない状態で、魂が正常を保つことはありえないでしょう。癌の末期になりモルヒネで痛みを抑えている状態のとき、魂が健全な働きを示すとはとうてい考えられません。古代ギリシア人のあいだには「健全な身体に健全な魂が宿るようであってほしいものだ」ということわざが浸透していましたが、まさに身体が健康であってこそ、魂は健全でありうるのではないでしょうか。このことを認識し、それを強調した点において、エピクロス学派の思想は、かなり斬新なものであったといってよいと思います。

もちろん、ソクラテスやプラトンも枢要徳として、「勇気」「節制」「正義」「知恵」をあげています。彼らに身体の健康を求める志向性がなかったとはいえません。「節制」とは身体を健康にすることをも含んだ徳だからです。ところが、プラトンの対話篇に登場するソクラテスは、魂の健全さが身体の健康に依存するとはいいません。魂の健全さが身体の健康にもとづくという発想は、エピクロス学派独自のものだったと申せましょう。

さて、さきほど述べたように、エピクロス学派は、アタラクシアという情態を人間性の理想的な姿と見なしました。この理想態は、身体の健康とこころの平静によって成り立つものでした。こころを平静に保つためには、理性の力を強く働かせる必要があります。エピクロス学派は、「喜怒哀楽」の「怒」と「哀」とを負の感情としてしりぞけますが、「喜」と「楽」とを快楽を保障する感情として善きものと見なします。つまり、エピクロス学派は、ストア学派とはちがって感性の働きを肯定的にとらえるのです。そのエピクロス学派は、アタラクシアという理想態を求めるとき、理性の権能を重視します。じつは、この点において、エピクロス学派の思想はストア学派の思想に接近しています。真の快楽とは「悪魔の快楽」でもなければ「放蕩者の快楽」でもない、それは、理性の力によってこころが平静を保つようにすることだ、と主張することをとおして、エピクロス学派は、理性の力によって感性を統御しようとするストア学派のアパテイアという教えに近づいているのです。エピクロス学派の快楽主義は、ストア学派の理性主義に対する徹底したアンチテーゼのはずでした。ところが、快楽主義と理性主義は、エピクロス学派のなかで密接に結びついていくのです。こうなってくると、エピクロス学派とストア学派とのあいだには、埋めようもないほどの大きな距離はないといえます。

このことは、ストア学派の側から見てもいえることです。ストア学派の徹底した理性主義、なかんずくアパテイアの情態を人間性の理想態とする認識は、感性の意義を強調するエピクロス学派によって攻撃されました。いっさいの感性的な「喜」や「楽」を否定するストア学派も、さすがに、そのあまりの非人間性に耐えられなくなったのでしょう。彼らは、エピクロス学派からの攻撃に対して、つぎのような形で自己防衛をはかります。すなわち、ストア学派は、有徳であること、いいかえれば理性の力によって自己自身をみがくことこそがじつは人間にとってもっとも大きな快楽である、と主張することになるのです。ストア学派は、理性を重視する立場から、徐々に感性（快楽）をも重んじる立場へと移ってゆき、逆にエピクロス学派は、感性（快楽）を重視する立場から、徐々に理性をも重んじる立場へと移行してゆく。こうしてふたつの学派は、思想の出発点を異にしながらも、その到達点を等しくしていったといえます。相反する立場にあったふたつの学派が、共通点をもつに至る際の、各々の思考の動きには興味深いものがあると申せましょう。

ただし、これらのふたつの学派は、自由観に関しては、どうしても一致を見ることがありませんでした。ストア学派のとなえた「運命への自由」は、エピクロス学派にとっては、人間を雁字搦めに縛りつける桎梏以外の何ものでもなかったからです。

3　運命からの自由

エピクロス学派の自由観を検討するにあたっては、もう一度キケロに登場してもらわなければなりません。キケロの『運命について』には、ストア学派の自由観にまっこうから対峙するものとしてのエピクロス学派の自由観があざやかに描かれているからです。

『運命について』によれば、エピクロス学派は、デモクリトスの原子（アトム）論に依拠しながらみずからの世界観を構築していました。デモクリトスは、この世界のなかのすべての物体は、原子（アトム）という、もはやそれ以上分割することが不可能な極小の物質の集積によって成っている、と説きます。これは、現代の自然科学の基礎となった考え方です。たとえば、一個のトマトはほとんど無限に分割され、最後に遺伝子という極小体が残ります。その極小体を操作すれば、トマトは自然のままのそれよりもいっそう甘く美味になると考えるのが現代の植物学です。また、現代医学においては、癌を極小の細胞にまで還元し、それを放射線等によってたたけば治癒の可能性も生ずると考えられています。万物を極小の単位にまで追いつめて、それを操作するというのが現代科学に通有的な態度であり、その態度の根源にはデモクリトスの原子論があるといえます。その意味でデモクリトスは現代科学の祖師ともいえる人物で、彼に依拠しながら世界観を構築することは、すくなくとも現代科学の立場から見るかぎり、いたって妥当なふるまいであるように見うけられます。ただし、デモクリトスは、原子論を物質にのみ適用したのであって、こころや魂などはその埒外にありました。ところが、エピクロス学派は、こころや魂にまで原子論を適用してゆきます。

エピクロス学派によれば、物質のみならず、こころや魂も原子から成っています。これは、徹底した唯物論というべき考えかたです。わたしは、エピクロス学派のこうした唯物論に接すると、わが国の初期のマルキスト河上肇（一八七九～一九四六）を思い起こします。河上は、マルクス主義にもとづいて、意識が社会存在を規定するのではなく、逆に社会存在が意識を規定するという弁証法的唯物論をとなえておりました。しかし、その一方で、彼は宗教の重要性を否定することができませんでした。通常のマルキストであれば、宗教を、現行の支配体制を固定するためのまやかしの装置、すなわち阿片としてしりぞけることでしょう。しかし、河上はマルクス主義が最終的な理想とする「能力に応じて働き、必要に応じて消費する」という社会を実現させるためには、どうしても宗教的態度が必要になると考えたのです。河上は、宗教と弁証法的唯物論との合一をはからざるをえませんでした。そして、彼は、その合一が、つぎのようにして可能になると説きます。すなわち、唯物論は人間の脳髄から生じたものであり、宗教もまたその原点は人間の脳髄にある、それゆえ唯物論と宗教とは互いに矛盾しあうことなく並立し、合一することにもなりうる、というのです。これは、人間のこころや魂が物質を根源とすると説くもので、エピクロス学派の原子論と類似しています。エピクロス学派の原子論は、遠い過去の忘れられた思考にとどまるものではないといってもよいと思うのですが、さて、いかがなものでしょうか。

デモクリトスに学んだエピクロス学派は、原子はひとつの固定的な運動をするといいます。すなわち、大半の原子は、重力による垂直方向への落下運動をするというのです。その際、もし原子が例外なしに垂直方向への落下運動をするとすれば、原子から成る人間のこころや魂は因果必然的に決定されていることになり、そこには何らの自由もみとめられません。しかし、エピクロス学派はいいます。原子のなかには自発的に脇へそれるものがある、と。つまり、すべての原子が垂直方向への落下運動をするわけではなく、なかには垂直方向からはずれる方向へと動くものがあり、それが人間のこころや魂を形成している、と考えるのです。エピクロス学派は説きます。脇へとそれる運動をする原子ゆえに、人間のこころや魂は、いっさいの強制力から逃れて自発性を保持することができる、と。エピクロス学派は、ストア学派とは異なり、世界（神）のロゴスとしての運命がすべてを決定することをみとめません。人間のこころや魂は、その原子レベルでの動きから見て、あきらかに何の拘束もうけない、と彼らは主張するのです。ストア学派が「運命への自由」を説いたのに対して、エピクロス学派は、「運命からの自由」を説いているといえましょう。

要するに、哲学史上はじめて自由の問題に正面からとりくんだふたつの学派、ストア学派とエピクロス学派のうち、前者は「～への自由」を真の自由とする立場に立ち、後者は「～からの自由」を真の自由とする立場に立っていたことになります。キケロの『運命について』によれば、プラトンの後継としてのアカデメイア学派も、エピクロス学派とはまた別の角度から「～からの自由」を強調したといいます。この講義では、つぎにアカデメイア学派の自由観にふれてみたいのですが、キケロの『運命について』の同学派についての記述はあまりに簡潔にすぎます。そこで、わたしは、この学派の祖プラトンとその師ソクラテスにまでさかのぼって、アカデメイア学派の自由観が本来どのようなものであったのかをあきらかにしておきたいと思います。

その場合、注意を要することが一点あります。それは、この講義で扱うのはプラトンの著作（対話篇）ですが、それらはすべてソクラテスを主人公としているという点です。いいかえれば、わたしが扱うプラトンの著作において、思想の語り手はソクラテスだということです。とすると、わたしはソクラテスの思想を探究することになるはずですが、そのように断言してよいものかどうか、少し疑問があります。というのも、主人公、すなわち語り手はソクラテスであっても、書いているのはプラトンであり、書き手の独自の思想が主人公、語り手に投影されている可能性があるからです。しかし、プラトンの対話篇に関して、どこまでがソクラテスの思想で、どこまでがプラトンの思想かを線引きすることは、至難のわざです。これは専門のプラトン研究者にゆだねる以外にはない問題でしょう。わたしは、鈴木大拙（一八七〇〜一九六六）が『日本的霊性』のなかで親鸞とその師法然とを同一の人格として扱ったのにならって、とりあえず、プラトンとソクラテスとを一体と考えて議論を進めたいと思います。

第四章　死からの自由――ソクラテス

1　ソクラテス裁判（1）

紀元前三九九年、七十歳のソクラテスは、メレトスという詩人にアテナイの法廷に訴えられ、裁判にかけられました。その裁判の模様を克明に伝えるプラトンの著作『ソクラテスの弁明』によれば、罪状は二点にわたります。ひとつは、国家の神を信じずに新しい神霊の類《たぐい》を信じているという罪。もうひとつは、弱論を強弁して強論となす術を青年たちに教え、彼らを腐敗させているという罪です。前者の罪状は、アテナイの法廷であらゆる罪に対して問われるもので、とくにソクラテス独自の行状を云々するものではないといえます。ソクラテスは政治犯として訴えられているわけですが、政治犯以外の罪、たとえば強盗や殺人などに関しても、「国家の神を信じない」ことが問われるのが通例でした。したがって、ソクラテスが訴えられるに至ったほんとうの理由、すなわち原告側の真の意図は、第二の罪状を問うことにあったと考えられます。では、その第二の罪状はどのような意味をもつものなのでしょうか。なぜ、ソクラテスは弱論を強弁して強論となす術を青年たちに教えて彼らを腐敗させるなどといわれたのでしょうか。その理由は、『ソクラテスの弁明』のなかでソクラテスが陪審員たちの前で述べた、つぎのような発言によって明確になります。

『ソクラテスの弁明』のソクラテスは、自分がつねに他者吟味というふるまいを心がけていたことを告白します。ソクラテスは、その他者吟味というふるまいを青年たちが真似たことをさして、メレトスは「ソクラテスが青年たちを腐敗させている」と主張するのであろうと推察します。しかし、他者吟味というふるまいは自分がそうせざるをえないようにさしむけられた、いわば当然の行動であって、そこには何ら恥ずべき点はない、とソクラテスは主張します。彼がいうには、他者吟味をはじめたのはつぎのような理由からです。

すなわち、もう数十年も昔のこと、ソクラテスの弟子であり友人でもあった激情家のカイレポンが、デルポイの神殿で「ソクラテス以上の賢者はありや」というおうかがいをたて、アポロン神の神託を乞いました。それに対してアポロン神は、ピュティア（巫女）の口をとおして、「ソクラテス以上の賢者はいない」とこたえました。カイレポンは喜び勇んでソクラテスのもとを訪れ、この神託を伝えます。「先生、あなたより賢い者はどこにもいないそうです」といったのでしょうね。ところが、ソクラテスはどうしてもこの神託を鵜呑みにすることができませんでした。家を造る技術、笛を吹く技術、詩を書く技術、政治をする技術等々に関して、自分よりすぐれた能力を発揮する者はごまんといたからです。しかし、神託が虚言を弄するとは考えられません。いったいカイレポンが伝える神託は何をいおうとしているのか、疑問に思ったソクラテスは、その意味するところを知ろうとします。その際、彼がとりえた唯一の方法が他者吟味であったのです。すなわち、世に知者と称せられるひとびとのもとにおもむき、評判どおりに彼らが知者たるにあたいするか否かを確認することによって、おのずからに神託の意味するところはあきらかになるであろう、とソクラテスは考えました。

いま、少々『ソクラテスの弁明』の文脈を離れて、ソクラテスのこの考え方を検討してみると、そこには大きな問題がはらまれているように思われます。なぜなら、もしソクラテスが他者吟味の結果、自分より賢い人間を見いだしたとすればどうなるでしょうか。その場合、神聖なるアポロンの神託が虚言を弄したことになってしまいます。それは、アテナイという国家の神が、信じるにあたいしない存在であることを暴露することにつながってしまいます。かりにソクラテスがそれを望んだとすれば、彼はまさに、メレトスが提示した第一の罪状にあったように、国家の神を信じない者ということになってしまいます。ソクラテスはそれでよかったのでしょうか。『ソクラテスの弁明』を虚心に読んでいると、どうしてもそういう疑問をいだかざるをえないのですが、みなさんはいかがでしょうか。これはむずかしい問題です。専門外のわたしにはよくわかりませんが、おそらくソクラテス（プラトン）研究者もこの問題をめぐって困惑しているのではないかと思います。しかし、ここでは、もうこれ以上この問題に深入りすることはやめておきましょう。いまは、『ソクラテスの弁明』を批判することよりも、そこに描かれているソクラテス像を浮き彫りにすることのほうが重要ですから。

さて、こうした他者吟味を行おうと決意したソクラテスは、まずはじめにアテナイの名だたる政治家のもとを訪れます。そして、その政治家が真に知者と呼ばれるにあたいするか否かを検討します。検討の基準は、善美のことがら、すなわち何が善であり美であるかを知っているかどうかという点です（古代ギリシア人にとって、善なるものはそのままただちに美なるものであり、かつ真なるものでもありました）。ソクラテスは政治家と問答をします。ちなみに、ソクラテスの問答とは、一問一答方式の対話のことで、おもにソクラテスが問い、相手がそれに答えるという形で進められます。その問答の結果、当面の政治家が、民会で多数を獲得するための術策や弁論の術などに関して詳細な知恵をもっていることがあきらかになります。そのような知恵はソクラテスのもちあわせるところではなく、その意味において政治家はソクラテスよりもいっそう知恵ある者でした。ところが、その政治家は、人生の本質に関わる問題、すなわち善美に関わることがらについては何も知りませんでした。知らないにもかかわらず、彼は自分がそれを知っていると思いこんでいました。ソクラテスはすっかり失望してしまいます。

そこで、彼はつぎに著名な詩人のもとを訪れることにしました。詩人は、ことばをあやつる技術にたけており、どうすれば美しい韻律をもった詩が書けるのかという点について深い知恵をもっていました。政治家の場合と同様に、自身が得意とする分野に関しては、ソクラテスよりもはるかにすぐれた知恵のもちぬしだったのです。ところが、その詩人は、自分が書いている詩が何を語っているのか、説明することができず、美的なことばを連ねながらもそれらの意味がわかっていなかったのです。つまり、その詩人も政治家と同様に、善美に関わることがらについては完全に無知でした。にもかかわらず、詩人は自分がそれを知っていると錯覚していました。

詩人にも失望したソクラテスは、最後に手工者のもとを訪れます。手工者とは、おそらく現代でいう技術者のことだと思われます。建築の技術とか、あるいは造船の技術などに精通したひとのことでしょう。手工者すなわち技術者は、自分が作る建築物などについては深くかつ広い知識を有していました。その点に関しては、ソクラテスをはるかに凌駕していたといえます。ところが、政治家や詩人と同様に、その手工者は、ソクラテスが何が善であり美であるかを問うてみると、ほとんど何も答えられませんでした。彼は、人生の本質に関わることがらについてまったくの無知だったのです。にもかかわらず、彼は自分がそうしたことがらを知っていると自負していました。

ソクラテスは、その時代のアテナイを代表する著名な知識人たちと会い、彼らがほんとうに知恵ある人物といえるのかどうかを吟味してみたわけですが、その結果は、彼にとって意外なものでした。だれひとりとして、人生の根幹をなす善美のことがらについて知らなかったのです。しかも、知らないにもかかわらず彼らはそれを知っていると思いこんでいました。現代でもよく、「一芸にひいでるものはすべてに通ず」などといわれます。いっぱしの知識人ともなると、自分の専門分野に関する深い知識をとおして諸芸を理解できると思いがちなものです。しかし、ソクラテスは、一芸にひいでる者といえども、人生の根幹をうかがつことがらについては無知であることをあきらかにしてしまったのでした。ここに至ってようやく、ソクラテスは、カイレポンがもたらした神託「ソクラテス以上の賢者はいない」の意味をさとります。ソクラテスがいうには、彼自身もまた人生の根幹に関わる善美のことがらについては無知以外の何ものでもありませんでした。ところが、ソクラテスは自分がそうしたことがらについて無知であることをしっかりと自覚していました。けれども、アテナイの名だたる知識人たちは自身がそれについて無知であることにまったく無自覚でした。このことを勘案しながら、ソクラテスはこう判断します。自分は己れの無知を知っている境地、すなわち「無知の知」という情態にあるのに対して、名だたる知識人たちは己れの無知を知らない「無知の無知」という情態にある。「無知の知」という情態は、「無知の無知」という情態よりも、まだ無知を「知っている」という点においてましだ。カイレポンがもたらした神託は、じつはこのことをいわんとしていたのではなかったか、と。

『ソクラテスの弁明』によれば、以上のように述べたあと、ソクラテスは自分が青年たちを腐敗させているというメレトスの非難に対して、つぎのように弁明したといいます。すなわち、自分がアテナイの名だたる知識人たちを論破するさまを見た青年たちが、それを真似て他者吟味を行うようになったわけだが、自分はけっしてそれを真似るように青年たちをたきつけたわけではない、と。

わたしは、おそらくソクラテスのその弁明は事実を告げていると思います。人間というものは、自分よりもはるかに知恵があるとされ、多くのひとびとから尊敬されている著名人が思わぬところで馬脚をあらわすと、思わず喝采したくなるものです。アテナイの青年たちは、同国の知的権威がソクラテスによって否定されるさまを目《ま》のあたりにし、快哉を叫んだのではないでしょうか。彼らが、ソクラテスを真似て、自分たちの力で知的権威を切り崩そうとしたとしても、それはけっして不思議なことではないと思います。要するに、青年たちは、深刻な意味をもつソクラテスの他者吟味をただ表面的にのみ模倣したにすぎなかったのでしょう。

以上のようなソクラテスの弁明は、多数の陪審員たちの信任を得たようです。裁判はまず原告メレトスが訴状を述べ、つぎに被告ソクラテスが弁明を展開し、その後、全陪審員の投票によって有罪か無罪かが決定される、という手順になっていました。ソクラテスの弁明のあとはいよいよ投票となります。しかし、結果ははじめからわかりきっていました。なぜなら原告メレトスの背後には民主派の大立て者アニュトスがおり、彼はソクラテスを有罪にすることに決めていたからです。このようにお話ししていると、アニュトスは陰の黒幕であり堂々たる悪役であるように見えます。しかし、アニュトスがソクラテスを有罪にしなければならないと考えたことには、じつは民主派なりの正当な理由がありました。

アテナイは古くから民主制をとっていた都市国家です。ソクラテス裁判が行われる五年前のこと、そのアテナイはスパルタとの全面戦争ペロポネソス戦争に敗北しました。その結果、アテナイにはスパルタの肝煎りのもと「三十人政治」という寡頭制が敷かれました。これは、アテナイ市民のなかから（スパルタによって）選ばれた三十人の政治家たちが全権を握るという政治体制で、きわめて独裁的なものでした。アテナイの民主派のひとびとのなかには「三十人」によって理由もなく逮捕され処刑された者が多数いました。やがて、民主派が立ち上がり、「三十人政治」は打倒されます。しかし、民主派のひとびとは、自分たちにとって悪夢のようであった「三十人政治」の圧政がどうしても忘れられませんでした。民主制が復活してのち、民主派は、反民主派のひとびとに対して過敏に反応するようになりました。ソクラテスは、いわばその過敏な反応の犠牲になったのです。すなわち、「三十人政治」に携わった政治家たちのなかには、アルキビアデスをはじめ、ソクラテスのおもだった弟子たちが数名加わっておりました。この事実にもとづいて、民主派、とくにその大立て者たるアニュトスは、ソクラテスを反民主派の中心人物と見なしていたのです。アニュトスは考えました。新たに復活したアテナイの民主制を守りぬくためには、ソクラテスをはじめとする反民主派を葬り去らなければならない、と。ソクラテス裁判は、そうしたアニュトスたち民主派の意向のもとに行われた裁判であり、冒頭からすでに判決の方向性は決まっていたといえましょう。どう考えてもソクラテスは有罪になるしかなかったのです。

ところが、ことは意外な展開を示しました。原告側の黒幕がアニュトスであり、彼のソクラテスに対する敵意が強烈なものであるかぎり、ソクラテスは圧倒的な票差で有罪になるはずでした。アテナイの法廷の陪審員は五百人です。一般の関心は、ソクラテスが有罪になるか否かではなく、どのくらいの大差で有罪になるかに注がれていました。そして、投票が行われました。ソクラテスの弁明が功を奏したのでしょう。たしかにソクラテスは有罪となりました。しかし、票差はわずかに三十票しかありませんでした。有罪とする者、二百六十五人、無罪とする者、二百三十五人だったのです。

アニュトスたちは驚愕したことでしょう。アテナイの裁判は、まず有罪か無罪かを決め、もし有罪となれば、次に量刑が行われます。原告と被告とがそれぞれ妥当と思われる刑を申告し、陪審員たちが投票によってどちらが相応であるかを決めるのです。アニュトスたちは、圧倒的多数でソクラテスが有罪となり、低く見つもっても国外追放の刑に処せられる、という筋書きを描いていたと思われます。しかし、有罪か無罪かの判決の際の、あまりの票差の少なさは、ことがアニュトスたちの筋書きどおりにはいかない可能性を示していました。アニュトスたちは、さぞあせったことでしょう。このままでは、ソクラテスは罰金刑程度で済んでしまう。民主派にとって、それだけは絶対に避けたいシナリオでした。ところが、つぎにお話しするように、その量刑の申告の過程で、ソクラテスは致命的なミスをおかしてしまいます。いや、それはミスというよりも故意に行われた挑発だったのかもしれません。では、ソクラテスはいったい何を語ったのでしょうか。

2　ソクラテス裁判（2）

いよいよ量刑となり、原告メレトスは予定どおり「死刑」を申し出ます。メレトスやその背後にいるアニュトスたちは、「青年たちを腐敗させている」という事実だけで、実際に死刑が確定されると確信するほどおめでたいひとびとではなかったでしょう。彼らの真の狙いは、ソクラテスの国外追放にあったと思われます。もしソクラテスが、このとき、国外追放を申し出れば、裁判は最終的に、死刑ではなく、ソクラテスの国外退去をもって締め括られることになったでしょう。常識的に考えれば、ソクラテスはそのように申し出るべきでした。ところが、ソクラテスは、国外追放どころか罰金刑をさえ拒否し、あろうことか「プリュタネイオンにおける食事」を申し出たのです。「プリュタネイオン」とは迎賓館のことです。迎賓館での「食事」とは、通常は、外国遠征で大捷をおさめた凱旋将軍やオリンピアドの優勝者たちにふるまわれる特別食のことです。それは、国家に栄誉をもたらしたことに対する褒賞でした。ソクラテスが量刑の際にそれを申し出たとき、法廷内は騒然としました。国家の正式な裁判で有罪と定められた者が、国家からの最高の褒賞を申し出る。これは、多くの陪審員たちの目から見て、狂気に近いふるまいでした。

ソクラテスは、騒然となった陪審員たちに静謐を促しながら、決然としてつぎのようにいい放ちます。アテナイは立派な馬だが眠れる馬であり、自分はそれを一刺しで目覚めさせる虻のようなものだ、と。ソクラテスにいわせれば、他者吟味にかぎらず、善美のことがらを求めて自分が行った行動のすべては、魂の面でアテナイに利するところ大なるものであるということになります。ソクラテスはいうのです。虻である自分がアテナイという名馬を一刺しすることによってこそ、この名馬は名馬としての本領を発揮しえたのだ、したがって、自分はアテナイから褒賞されこそすれ、罰せられなければならない理由などどこにもない、と。ソクラテスのこの論理を素直にうけいれることができる者は、陪審員たちのなかではごく少数派でしかありませんでした。陪審員たちの多くが怒りをあらわにし、怒号を発するなかで、ソクラテスは、「プリュタネイオンにおける食事」を撤回し、ほんの申し訳程度の少額の罰金を申し出ます。しかし、もはやいったん火の点いた陪審員たちの怒りをしずめることはできませんでした。裁判は異常な興奮のなかで、結審を迎えます。メレトス側の量刑が相応か、それともソクラテス側のそれがふさわしいのか、最後の投票が行われました。結果は、火を見るよりもあきらかでした。多くの陪審員たちが、国家の法廷を侮辱するかのようなソクラテスの発言を、許しえないものと判断していたからです。予想どおり、被告ソクラテスにとって結果は惨憺たるものになりました。百数十票を上回る大差で、ソクラテスの「死刑」が確定したのです。

『ソクラテスの弁明』に語られた量刑をめぐるソクラテスの発言を読んだひとは、だれしも違和感を禁じえないのではないでしょうか。「無知の知」を知るがゆえに神託によって最高の知者と認定されたソクラテスほどの人物が、「プリュタネイオンにおける食事」を申し出ることがいったいどういう事態を導くか、知らなかったはずはありません。そんなことをすればかならず死刑になることは明々白々でした。にもかかわらず、彼がそのような発言に及ぶとは、意外であるよりもむしろ奇怪ですらあります。なぜソクラテスはそんなことを語ってしまったのか、有罪か無罪かの判決の際に無罪票が意外に多かったことに気を良くした彼が、ついつい調子に乗ってしまったのか……、あれこれ考えてみると、どうしても読者は違和感をぬぐえなくなるのではないでしょうか。

哲学・倫理学の勉強をはじめてまだまもないころに『ソクラテスの弁明』を一読したとき、わたしも正直にいって、そうした違和感にとらわれ、「なぜ?」という問いをいだかざるをえませんでした。厳密にいいますと、一読以来四十年のあいだ、この問いは脳裏を去ることがありませんでした。しかし、いま、五十八歳になったわたしにはようやく見えてきたものがあります。すなわち、ソクラテスは自分が命を失ってもいいと思っていたということです。せいぜいが罰金刑、悪くことが運んでも国外追放程度で済むこの裁判で、彼は、あえて死刑になることを欲したのです。すると、『ソクラテスの弁明』の読者には別の違和感が生じるかもしれません。人間だれしも死にたくはない、にもかかわらずあえて自殺に近い死を選ぶとは奇怪だとしかいいようがない、と多くの読者は思うことでしょう。その違和感に対しても、わたしはいま、十分に回答が可能だと思っています。すなわち、ソクラテスは「愛知者」(哲学者、philosophos)であり、「愛知者」としての誇りを守るために、あえて死ぬことを選んだのだ、と現在のわたしは思います。では、死ぬことがどうして「愛知者」としての誇りを守ることにつながるのでしょうか。この問いに対しては、おそらくプラトンの中期対話篇『パイドン』を読むことによって、明快な解を与えることができるでしょう。しかし、その前に、わたしたちは、牢獄に閉じこめられている際のソクラテスの発言にふれておく必要があります。

3　牢獄のソクラテス

アテナイの司法の慣習では、有罪となり死刑に決まった者の処刑は、判決がくだった翌日にとり行われるのが通例でした。しかし、これには例外規定があります。デロス島にむかって祭り船が出航しているあいだは、アテナイでは一切の汚れが除かれなくてはならないとされていたのです。汚れのなかで最たるものは死でした。自然に死んでしまう者はどうしようもないのですが、祭り船の出航期間に生きている者を殺すことは、厳禁されていたのです。ソクラテスの場合、たまたま祭り船がアテナイの港を出航した日が死刑確定の日と重なっていました。通常、祭り船がデロス島に到着し、そこからもどってくるまでにはひと月を要します。したがって、ソクラテスは刑の執行を一ヵ月間猶予され、その間牢獄に閉じこめられることになりました。牢獄に閉じこめられたソクラテスの言動をつぶさに伝えるプラトンの初期対話篇が現存しています。『クリトン』です。以下、この比較的短い対話篇を読むことによって、ソクラテスが自身に課された刑をどのように受けとめていたのかを探ってみましょう。

『クリトン』には、ソクラテスの多年にわたる友人クリトンが登場します。対話篇は、このソクラテスとほぼ同年齢の友人が、牢獄に閉じこめられたソクラテスを見舞うところからはじまります。対話篇の冒頭で、クリトンはソクラテスに脱獄を勧めます。現代の法治国家では考えられないことですが、ソクラテスの時代のアテナイでは、ごく簡単な方策で牢獄から抜け出すことが可能だったようです。『クリトン』でクリトンがいうところによれば、獄吏にいくばくかの金銭をつかませれば、獄吏は獄舎の鍵を開けて、囚人が外へ出てゆくのを黙認したようなのです。ソクラテスにむかってクリトンはいいます。自分が獄吏に金をわたすから、どうか君は獄を出て、どこか安全な外国へ行って余生を楽しんでほしい、と。渡りに船とはこのことをいうのでしょう。わたしがもしソクラテスと同じ情況に置かれていたとすれば、クリトンの申し入れをありがたくうけいれることでしょう。だれしも死にたくなどないのであり、死刑をまぬかれうるとすれば、それにまさる幸いはないというものでしょう。ところが、ソクラテスはクリトンの申しいれを拒みます。脱獄か死刑かという情況のなかであえて死刑を選ぶのです。なぜでしょうか。

それは、ソクラテスが何よりも正義と愛とを重んじていたからです。たとえ慣例化していたにせよ、獄吏に金銭を支払って獄を脱することはあきらかに脱法行為です。脱法行為が正義に反することは、ことさらに強調するまでもありません。ソクラテスは、まず第一に、正義を遵守すべく、クリトンの申し入れを断ったのだといえましょう。さらに、ソクラテスの語るところによれば、自分はアテナイという国家を愛している、それゆえにみずからアテナイの法を破ることはできないということのようです。ソクラテスは、たまたま従軍して国外に出むいたときを除き、人生の大半をアテナイでおくったそうです。それは、彼がこの国を愛していたためでした。その愛する祖国を脱法行為によって裏切ることはできない、ソクラテスはそう考えていました。これに対してクリトンは反論します。脱獄という脱法行為はたしかに正義に反するだろう、しかし、最初に不義を働いたのは、君を無実の罪で死刑に処することに決めた国家のほうではなかったか、不義に対して不義をもって報いたとしても何ら恥ずべきことはあるまい、と。

けれども、ソクラテスは納得しません。たとえ国家がくだした判決がいかに不当なものであろうとも、それが正当な手続きを踏んでいるかぎり、それに反することはやはり不義なのであり、これまで正義を声高にとなえてきた人間がそのような不義をみずからおかすことはできない、とソクラテスは語ります。じつをいうと、ここに「悪法でも法は法である」という認識が示されています。ソクラテスののこしたことばとして有名ですが、そのことばそのものは『クリトン』にもその他の対話篇にもあらわれません。ただし、ソクラテスに、「悪法でも法は法である」という思いがあったことはたしかでしょう。彼は、そうした思いのもとに、断固として脱獄を拒否したのです。

クリトンの語調は哀願調になります。彼は、もしこのままソクラテスが牢獄にとどまり、死刑を執行されたならば、自分を含めたソクラテスの友人たちや弟子たちは、ソクラテスを見捨てたということで世の指弾を受けるだろう、どうかそういうことならないようにしてほしい、と切々とうったえます。クリトンが世の指弾を恐れていたとは思えません。彼はそのように語り、ソクラテスの感情にうったえることによって、ソクラテスが自分たちの思いにそってくれるように願ったのです。しかし、それでもなおソクラテスはクリトンの切望にこたえようとはしませんでした。世人がクリトンたちのはからいで自分が脱獄したことを知れば、正義や愛を裏切るような男を友人にしていた連中として、クリトンたちは嘲笑のまとになるだろう、というのです。クリトンは万策つきました。要するに、ソクラテスは、己れの生命よりも正義と愛を重んじる人物だったのです。

ソクラテスをして、命よりも正義や愛がより重要だと考えさせたもの、それは「愛知者」（哲学者）としての誇りでした。裁判にかけられるまで一貫して正義と愛（とくに祖国愛）を強調してきた「愛知者」としての自己が、みずからの主張を裏切ることはできないとして、ソクラテスはクリトンの友情溢れる申し出を頑としてはねのけたのでした。では、ソクラテスにとって「愛知者」とは何者だったのでしょうか。それは、『パイドン』を読むことによってあきらかになることでしょう。

4 「愛知者」の誇り

『パイドン』とは、専門的な学者たちの研究によれば、プラトンの対話篇のなかでは中期に属するものと考えられています。この作品は、『ソクラテスの弁明』がソクラテス裁判の模様を、『クリトン』が牢獄に閉じこめられたソクラテスの言動を、それぞれ描いたのを承けて、死刑に処せられる当日のソクラテスの姿を克明に描写するものです。そこでは、死刑執行を目前にしたソクラテスが、師の最期を見届けようとして集まった弟子たちとのあいだで、魂の不死をめぐって議論を交わす姿が描かれます。その議論のさなかに、ソクラテスは、自己の死生観をあらわにします。その死生観は、「愛知者」（哲学者）としての誇りを示すものでした。

古代ギリシアでは、オルペウス教やピュタゴラス学派以来の伝統として、つぎのような死生観が一般にうけいれられていました。それは、魂が肉体にとらわれた状態が人間の生であり、魂が肉体のくびきから逃れた状態が死である、というものでした。魂が肉体にとらわれているということは、魂が十全に活動していないことを意味します。一方、魂が肉体から脱した状態とは、魂がその本来の姿を示し、十全に躍動することを意味しています。したがって、オルペウス教やピュタゴラス学派によれば、わたしたちにとって生と見えるものがじつは死であり、死と見えるものがじつは生であるということになります。ソクラテスは（そしてプラトンも）、こうしたオルペウス教やピュタゴラス学派以来の伝統的な死生観を引きついでいました。ソクラテスもやはり、魂が肉体のなかに入った状態が生であり、それが肉体から外に出た状態が死である、と語ります。彼にとって肉体は魂の牢獄でした。

ここで、わたしは、エピクロス学派が説いたアタラクシアという情態を思い起してみたいと思います。エピクロス学派は、身体の健康とこころの平静をたもち、何ものによってもわずらわされない情態をアタラクシアとよびました。彼らは身体への気遣いということを重視していたのです。しかし、ソクラテスないしは彼に至るまでの古代ギリシアの思想的伝統のもとでは、肉体はたんに蔑視の対象にすぎませんでした。古代ギリシア人は魂を重んじるあまり、肉体を軽視しすぎていたとしかいいようがありません。わたしには、これは少々かたよったものの見かたのように思えます。魂と肉体の双方をともに重視するエピクロス学派は例外的な存在ですが、ソクラテスの時代になぜそういう考え方が生まれなかったのか、考えてみれば不思議なことのように思うのですが、いかがなものでしょうか。ただし、ソクラテスには肉体を蔑視しなければならない思想的な理由がありました。それは以下のようなものです。

人間が肉体をもつということは、感覚をもつことと同義です。肉体のなかには、目、耳、鼻、口、手などがあります。それらの器官に応じて、人間はさまざまな感覚をもちます。視覚、聴覚、嗅覚、味覚、触覚などです。これらの感覚、すなわち五感をとおして、わたしたちはさまざまな事物を感じとります。その「感じとり」がないとすれば、わたしたちの認識、つまり知の営みは成立しえないでしょう。したがって、感覚が人間の知の営為に関して重要な役割をになうことは、けっして否定できないことです。カントが感性的知覚を認識の原点としたのは、いたって当然のことだったといえましょう。ところが、感覚は、いつもすでに認識の原点として妥当なものだとはいいきれない面があります。なぜなら、ときとして感覚は事実を裏切るからです。ソクラテスはそのことをよく理解していました。彼は、人間が事実を正確にとらえようとする際に、感覚がしばしば邪魔をすることを知っていたのです。どういうことでしょうか。それは、わたしたちのごくありきたりな日常生活をふりかえってみると、たちどころにあきらかになります。

わたしは、二〇一二年に、五十七歳の誕生日を記念して、北樹出版から『鬱を生きる思想』という書を刊行しました。この書は、鬱病の立場から哲学的な諸問題を検討したときに、どのような思索ができるのかを語ることに主眼を置いたものです。この書のなかでわたしは、自身が二十数年来鬱病をわずらっていることを正直に告白しました。鬱病と聞くと、「恐い」と反応するかたもいらっしゃるかもしれません。しかし、ごく一部の患者を除いて、鬱病者は、まったく凶暴性をもっていないのでどうかご安心ください。鬱病者とは、ひとり静かに己れの鬱に苦悩している人間であって、みなさんの前で竹刀をふりまわすようなことはしませんので、心配なさらないでください。

さて、その鬱病ですが、最良の治療方法は、何はともあれよく眠ることです。眠るためには睡眠導入剤が必要です。ですから、鬱病患者であるわたしは、二十数年来睡眠導入剤を服用しつづけています。わたしの場合、三種類の薬を飲むのですが、ある時、薬剤料の高さを心配してくれた主治医が、ほぼ同一成分の別の薬を処方してくれたことがありました。その別の薬を飲んだつぎの日、わたしの味覚が変調をきたしました。牛乳を飲むとすっぱく感じたのです。最初は牛乳が腐っているのかと思いました。しかし、そのつぎの日も同じ状態でしたので、どうやら薬のせいで味覚が麻痺しているらしいことがわかりました。主治医に相談してみると、そういう副作用はよくあるらしく、薬を元のものにもどしてもらうことによって、問題は解消されました。この事例は、人間の感覚が事実を裏切ることをよく示しています。

こうした例は、少なくありません。あげればきりがなくなることでしょう。鬱病者でも、そのほかの病気でもなく、ごく健康なみなさんにもよくわかる例を一例だけお話ししておきましょう。みなさんのなかの多くのかたは、アパートに住んでおられると思います。この筑波地区には銭湯はありませんので、みなさんのアパートにはかならずお風呂がついていることでしょう。今日帰ったら、浴槽に三分の二程度お湯を張って、そこにまっすぐな棒を一本突っ込んでみてください。まっすぐな棒ですよ。それなのに、突っ込んでみると、かならずそれは曲がって見えるはずです。なぜそうなるのか、理系の学問に暗いわたしにはよくわかりませんが、ともかくもまっすぐなはずの棒が曲がって見えることはたしかです。これは、目の錯覚です。感覚は、往々にしてこのような錯覚をともなうのです。ソクラテスは、こうした日常的な事例から、感覚はしばしば事実を裏切るという命題を導きました。それは、正しい命題です。しかも、感覚は人間の知的営みの原点です。ということは、感覚は肉体にともなわれるかぎり、人間は真に正しい認識には達しえないということになります。感覚をともなわれるものでした。となれば、肉体をもつかぎり、人間は真に正しい認識には到達できないということになります。それゆえ、ソクラテスは考えます。真に正しい認識、すなわち真理に出会うためには、魂をできるだけ肉体から解き放たなければならない、と。

ソクラテスは自身を「愛知者」（哲学者）と規定していました。「愛知者」（哲学者）とは、ギリシア語で philosophos のことです。philosophos とは何をするひとでしょうか。いうまでもなく「愛知の学」（哲学）をするひとです。「愛知の学」（哲学）とは、ギリシア語で philosophia をさします。現代西洋語の philosophy や Philosophie の語源になったことばですね。明治以降、わが国ではこの語は、「哲学」と訳されています。しかし、「哲学」とは何だか珍妙な訳語ですね。「哲」はアキラカニスル、サトルといった意味をもつ語ですから、「哲学」とはアキラカニスル学、サトル学ということになります。しかし、いったい何をあきらかにし、何をさとるのでしょうか。法学、経済学、医学、物理学等々といった学問の名称がその対象を明確にするのに対して、「哲学」の対象はあまりに抽象的で漠としているとしかいいようがありません。ところが、ギリシア語の philosophia とは、きわめて具体的なことばです。それは、philein という動詞と sophia という名詞から成る合成語です。philein とは愛する、求める、という意味です。sophia とは人生の根幹に関わる知をさします。したがって、philosophia は、「知」を愛し求める学ということになります。ソクラテスは、こうした意味での哲学者、すなわち、人生を根底から形づくる真の知、なかんずく善美の本質を追求し、愛するひとだったのです。

しかし、人間の肉体は感覚をともなうために、しばしば事実を裏切ります。魂が肉体にとらわれているかぎり、人間は真の知に至ることができません。真の知に到達するためには、できるだけ魂を肉体から遠ざけておかなくてはなりません。くりかえし強調するならば、魂を肉体から遠ざけることとは死を意味しています。したがってソクラテスは、philosophia とは、「死の練習」であるといいます。ただし、これは、よく誤解されるように、哲学者たるもの、いつもすでに死を覚悟していなければならないということを意味するわけではありません。philosophia すなわち哲学とは、文字どおり魂を肉体から引き離して死ぬことによってこそ成り立つというのが、ソクラテスの考えだったのです。ですから、ソクラテスの認識では、「愛知者」、哲学者たらんとするかぎり、みずから積極的に死を求めていかなくてはなりません。哲学者として哲学するソクラテスは、死を恐れるどころか、むしろそれを欲していたのだといえます。

『パイドン』の議論は、魂の不死をめぐって展開されます。哲学者が真に哲学する者であるかぎり、死を選ばなければなりません。けれども、もし魂が不死でないとすれば、死を選ぶこと自体がむなしいふるまいとなり、哲学が成立しなくなってしまいます。それを恐れるがゆえに、ソクラテス（そしてプラトン）は、どうしても魂が不死であることを立証しなければならなかったのです。残念ながら、この講義ではその立証の過程を追っているゆとりはありません。ここでは、ただ、『パイドン』が魂の不死をいちおう説明づけている点のみを指摘するにとどめたいと思います。

魂が不死であるとソクラテスがいい、それをわたしが追認するとしても、みなさんはそのようなことをにわかには信じられないかもしれません。自然科学的で唯物論的なものの見かた、考えかたに慣らされたわたしたち現代人は、死んでしまえばそれまでだ、と思うのがふつうでしょう。しかし、ソクラテスは魂の不死を信じていたのです。信ずればこそ、あえてみずから死を選んだのです。『パイドン』のソクラテスの死を描く部分は圧巻です。魂の不死をめぐる議論が一段落ついたころ、獄吏がやって来て、ソクラテスに毒杯を飲みほすように求めます。獄吏の要求にしたがってソクラテスは毒杯を飲みほしました。即座に死ぬわけではありません。毒は足から腰へ、そして上半身へと少しずつまわっていき、やがて心臓をおかします。ソクラテスは弟子たちに毒が身体を回る過程をつぶさに説明しながら、従容として死を迎えます。何の憂いもなく、苦しみも漏らさず、そしてだれを恨むでもなく、こころ静かにソクラテスは死んでいきました。わたしたちは、裁判から死に至るまでのソクラテスについてのプラトンの描写をひとわたり眺めることによって、ひとつのメッセージを感得することができるのではないでしょうか。それは、死を恐れないこと、死から解放されて在ることによってこそ、人間は真の自由を実現することができる、というもののように思われます。

ソクラテス（プラトン）は、「自由」という語を使ってはいません。けれども、死にとらわれることがない魂こそが自由であるというメッセージが、プラトンの一連の対話篇を貫いていることは否定できない、とわたしは思います。ソクラテス（プラトン）は、死を恐れないこと、死から解放されて真の自由を実現する在りようのうちに、哲学者、すなわち「愛知者」の誇りを見いだしていたのではないでしょうか。

死は何にも増して恐ろしいものです。死を以て脅迫された場合、それに抗することのできる人間はまれではないでしょうか。わたしはこの話をしていて、つと京都学派の哲学者たちのことを思い浮べました。西田幾多郎（一八七〇〜一九四五）や田辺元（一八八五〜一九六二）はともかく、彼らの弟子たちが「大東亜戦争」の哲学的基礎づけをめざしたことは、もはや歴史的事実と申せましょう。ドイツ哲学に範を見いだしていた彼らは、ナチスドイツの電撃戦に幻惑されて、時代情勢を読み誤ったのです。まだ四十代に達する前後だった彼らに、老熟した判断を求めることは酷なことかもしれません。しかし、彼らの師であった西田や田辺は、いったいなぜ彼らの暴走をおしとどめることができなかったのでしょうか。

すでに七十歳を超える高齢であり、しかもただ抽象的な形而上学のみを追求していた西田が、弟子たちに対して臨機応変にふるまえなかったことは、いたしかたのないことなのかもしれません。けれども、まだ停年前の年齢で、反西田哲学の立場から実践の哲学を志向していた田辺が、なぜ弟子たちをいさめることができなかったのか、不思議というしかありません。田辺はアジア・太平洋戦争（これを戦時中の日本人は「大東亜戦争」と称していました）の全期間を通じて、一切の論文の公表を控えていました。また彼は、戦前に、ドイツ留学中の弟子に対して自重をうながす手紙を送っています。彼は、あきらかに日本の敗北を予見していました。にもかかわらず、田辺が弟子たちを野放しにしたのは、当局の忌諱にふれることを恐れたからではなかったでしょうか。わたしは、かつて北樹出版から『愛と死の哲学―田辺元―』と題する書物を公刊したことがあります。そこで書いたように、田辺の実践哲学は、愛と死という人間にとってもっとも根源的な問題に肉薄するすぐれた思索を展開するものでした。田辺は、西田と並んで日本の哲学の最高峰をなす存在だと断言してもよいと思います。その田辺にして、ただ沈黙を守るのみで、好戦的な風潮を指弾することができなかったのは、やはり死を恐れたからではないでしょうか。当時、声高に反戦をとなえることは、死に直結していたといっても過言ではありません。特高警察は、けっしてそのような言動を見のがさなかったからです。田辺は、戦時中の時点では、いまだ「死からの自由」を得ていなかったと考えられます。換言すれば、死への恐怖が田辺の言動を掣肘していたのだといえましょう。

その点に関して、ソクラテスは偉大でした。彼は、死をものともせず、「愛知者」の誇りを守りぬいたのです。何も自爆的な形で死ぬ必要はなかったのではないか、とお考えのむきもあろうかと思います。しかし、愛知者、すなわち哲学者には死を賭しても貫かなければならない信念があるはずです。ソクラテスには、眠れる馬ともいうべきアテナイを虻として突き刺し、目覚めさせなければならないという信念がありました。彼は、その信念を、死をもってする脅迫に屈することなく、最期まで貫きとおしたのでした。わたしたちは、ここに、「〜からの自由」のもっとも純化され強靭化された姿をみとめることができます。その姿は、ソクラテスにおいてほど劇的なものではありませんでしたが、プラトンの学派アカデメイア学派にも引き継がれていたようです。以下、このアカデメイア学派の自由観を瞥見することを以て、本章のとじめにしたいと思います。

5　アカデメイア学派の自由観

ソクラテスが刑死してから十二年後、すなわち紀元前三八七年に、プラトンはアテナイの西郊外に学園を創設しました。その地にはアテナイの英雄アカデモスを祀る社があったため、学園はアカデメイアと名づけられました。この学園から輩出した哲学者たちを、今日わたしたちは一括してアカデメイア学派とよんでいます。アカデメイアとは、アカデミズムということばの語源となった名称です。今日、アカデミズムといえば、学者さんたちの微に入り細をうがつ研究や、彼らが織り成すギルド的な共同体をさすことが多いようです。幾何学を基礎として諸学の総合的な研究をこころがけたアカデメイアとは、まさしく今日のアカデミズムを髣髴とさせるものでした。

博引旁証ではないし、先哲の著述からの引用箇所も明記しない、このような講義をしているわたしは、あきらかにアカデミズムから落ちこぼれた人間です。わたしには、自身を「学者」と称する自信がありません。しかし、この大学の哲学・思想専攻の先生がたは、みなさん例外なしにアカデミックな学者さんたちです。アカデミズムにふれたい方には、そうした先生がたの講義に出席なさることをお勧めします。

さて、そのアカデメイア学派ですが、もちろん最初の学頭（学長）はプラトンです。プラトンの死後は、スペウシッポス、クセノクラテスといった俊秀たちが学頭の座を引きついでゆきます。この学園は、九百年の長きにわたって存続します。紀元五二九年、東ローマ皇帝ユスティニアヌスによって命脈を断たれたのですが、それは、アカデメイアが異教思想の温床と見られたからでした。つまり、当時キリスト教を国教としていた東ローマ皇帝にとって、この学園は異端でしかなかったというわけです。歴史に「もし」を持ちこむことは禁じ手かもしれません。しかし、もし東ローマ帝国が完全にキリスト教化されていなかったならば、アカデメイアはさらに長期間生き残り、ひょっとすると世界最古の大学として現代にまで存続していたのではないかと思われます。ただし、この長期にわたって存続した学園のなかでは人間の「自由」ということは、あまり問題にならなかったようです。古代ギリシアの市民階層にとって、自由は空気のようにそこに在ることが当たり前のものだったのでしょうか。ところが、わたしの知る範囲ではひとりだけ例外がいます。紀元前二世紀半ばころに同学園の学頭を務めたカルネアデスです。キケロの『運命について』によれば、カルネアデスは自由をめぐっておよそつぎのように主張したそうです。

人間の自由を保証するために、エピクロス学派のように原子の脇にそれる運動を想定する必要はない。人間のこころには「自発的な働き」があると主張すれば、それで十分である。自発的な働きとは、ただわたしたちの力によって左右され、わたしたちにのみ服従するというこころの動きのことである。この自発的な働きが存在することによって、わたしたちの自由は保証される、と。

要するに、カルネアデスは、わたしたち人間には、ただ自分自身にのみしたがい、ほかのいかなるものにも依存しない意志の自発性があると説いたのです。彼は外的な強制力からの意志の自律（立）性を真の自由と見なしたといえましょう。これは、死からの自由を真の自由としたソクラテス以来の伝統を、プラトンよりもやや抽象的な仕方で継承するもので、つまるところ「〜からの自由」を真の自由とする立場を披瀝するものととらえることができます。

これまで、この講義では、ストア学派とエピクロス学派、アカデメイア学派という西洋古代の三つの主要な学派の自由観を探究してきた次第ですが、第一章でも述べたように、つまるところ自由観・自由論の歴史とは、自己を超えた大きな力に積極的にしたがう「〜への自由」を真の自由とする立場と、一切の外的強制力から意志が解き放たれている「〜からの自由」を真の自由とする立場との対立葛藤の歴史であるということが、浮き彫りになったかと思います。そして、いずれの立場が優勢であったかを考えてみると、古代に関するかぎり、エピクロス学派とアカデメイア学派とが強調する「〜からの自由」を真の自由とする立場が、「〜への自由」を信奉する立場よりもやや優位に立つ傾向にあったといえるでしょう。しかし、古代末から中世にかけて、

「〜への自由」を真の自由とする立場はその勢力を強化してゆきます。これは思想史上の必然的な流れであったといえます。なぜなら、古代ローマ帝国におけるキリスト教の国教化以来、思想史はキリスト教の教義によって基礎づけられることになったからです。キリスト教では、世界（宇宙）は、唯一、絶対、全知、全能、最善なる神によって創造されたと考えられています。だとすれば、この世界は、極小の部分に至るまですべからく神によって計画されていることになります。神の意志にあらがう自由などというものは、キリスト教にとっては存在しえません。にもかかわらず、人間の意志に自由をみとめようとするなら、それは、神の世界計画を積極的にうけいれる自由として措定されざるをえません。このことは、キリスト教の教義をプラトン哲学にもとづいて体系化した思想家アウグスティヌスの自由観を検討することによって、あきらかになるものと思われます。

第五章　アウグスティヌスの自由観

1　アウグスティヌスの生涯

アウグスティヌスは、「聖アウグスティヌス」という名のもとに聖化された存在であり、その生涯と思想は、西洋世界においてのみならず、日本においても詳細に研究しつくされている感がありあります。しかし、放蕩の青年期を送ったのちにキリスト教に回心した思想家としてのそのイメージは、いささか誇張をはらんで喧伝されたきらいがあり、また、彼の自由観については、さほど研究が進んでいるようには見えません。そこで、この講義では、彼の生涯が、本当に放蕩の青年期といえるような時期を経ているのかという点、および、彼の自由観に焦点を当てながら、アウグスティヌスについて論じてみたいと思います。

その際、まず第一に参考になるのは、アウグスティヌスの代表的著作のひとつ『告白』です。この書は、出生からキリスト教に入信するまでのアウグスティヌスの半生を克明に描くものです。原題 *Confessiones* に含まれた confiteri という動詞は、告白するとか懺悔するとかという意味です。confiteri の対象は、神以外の何ものでもありません。アウグスティヌスが、神にむかって罪過に満ちた己れの半生を告白し、その許しを乞うためにこの書を書いたことをは自明でさえあります。

ところが、この書に関しては奇妙な点が一点あります。それは、アウグスティヌスたちキリスト教徒にとって、神は唯一、絶対、全知、全能、最善なる存在であったはずですが、全知ということのなかにはアウグスティヌスの言動のすべてを知りぬいているということが含まれている点です。そうすると、アウグスティヌスは、自分の半生をすべて知りつくしている神の前で、わざわざその半生について告白し懺悔していることになります。つまり、アウグスティヌスは、する必要もないことをしているという次第です。この程度のことが、鋭敏なアウグスティヌスにわからなかったはずはありません。にもかかわらず、彼があえて神にむかって己れの半生を告白し懺悔するのは、告白・懺悔という行為以外のなにか別の意味が confiteri にこめられていたからではないでしょうか。

じつは、この点については、アウグスティヌスは具体的に何も語ってはおりません。わたしたちが推察する以外にはない問題ですが、その推察は、confiteri の辞書的意味を探るだけで、容易に可能になりそうです。confiteri には告白する、懺悔するという意味のほかに、讃美するという意味があります。アウグスティヌスは、この「讃美する」という意味を念頭に置いて、自身の半生を告白し、懺悔する書に*Confessiones*という表題をつけたのではないかと思われます。以下に述べるように、アウグスティヌスは、自己の青春を神の意志に背いた悪しきものととらえていました。そうした神に反する悪行を行った者も、そのことを神にむかって告白し懺悔したならば、神はそれを許容して良き方向へと導いてくださる。そうした神の恩寵に深く感謝し、それを讃美するためにあえてconfiteriするという気持ちが、アウグスティヌスにはあったのではないでしょうか。それゆえに、彼は、告白・懺悔という、本来ならばする必要のない行為へと己れをかりたてていったのではないかと思われます。

さて、その『告白』によれば、アウグスティヌスは、紀元三五四年に、北アフリカの帝政ローマ領ヌミディア州のタガステという町に、富裕な地主の息子として生まれました。父親は、のちにキリスト教へと回心したアウグスティヌスから見れば「異教徒」でした。名前は不明です。母は、モニカといって、敬虔なキリスト教信者でした。母に育てられる過程で、アウグスティヌスは、キリスト教の教義の一端に触れたはずです。ところが、南方の、ある意味では情熱的な、またある意味では奔放な風土に育った彼は、篤実なキリスト教徒にはなりませんでした。それどころか、情熱にまかせて放逸な行動にはしることもままあったようです。

『告白』によれば、アウグスティヌスは、十六歳のとき、許されざる悪行をおかします。遊び仲間たちとかたらって、近隣の農園にある梨の木から大量の梨の実を盗み出したのです。『告白』執筆の時点でこの行為をふりかえったアウグスティヌスは、つぎのようにいいます。空腹にさいなまれ、喉が渇いてどうにもならず、しかも金銭的に欠乏した状態で盗みを働いたとすれば、それは許されえない大罪とはならないのかもしれない。しかし、自分たちは、空腹であったわけでも渇いていたわけでもなく、あまつさえ金銭的に欠乏していたわけでもなかった。にもかかわらず、梨の実を大量に盗んだのは、盗みのスリルを味わうため、いいかえれば、盗みそのものを楽しむためだった。やむにやまれぬ理由からではない、この盗みは、生涯にわたって許されえないものだ、と。

古代ローマの刑法にうといわたしには、梨の実を盗みとるという行為がどの程度の罪なのか、よくわかりません。しかし、すくなくともわたしたち現代人の感覚では、その程度の行為が生涯にわたって苦としなければならないほどの大罪であるとは思えないのではないでしょうか。果物泥坊といえば、わたしにも体験があります。もう三十年以上も昔のことになります。院生時代のことでした。当時の院生たちは、よく酒を飲みました。演習が終わったあとだれがいいだすともなく、大学近辺の居酒屋に集まって議論を戦わせながら飲んだものです。ちなみに、当時の本学は、いまのように交通の便もよくありませんでしたから、自動車やバイク、自転車に乗って居酒屋に行く者がほとんどでした。現代では、いずれの場合も、飲酒運転として厳しく罰せられますね。ですが、当時の本学は実に牧歌的な雰囲気だったのです。自動車やバイク、自転車で居酒屋に行って、議論が白熱してくると、二次会に行こうということになります。その二次会の場所（多くはだれかのアパート）に行くにもやはり自動車やバイク、自転車を利用するのです。いまから思えば、じつに恐ろしいことをしていたものです。みなさんは絶対に真似をしないようにしてください。

そんなある日、ちょうど夏の盛りのことでした。居酒屋で暴飲し、友人のアパートでの二次会でもしたたかに飲んだわたしは、自転車で自宅に帰ろうとしていました。さすがにメインストリートを通ることには気が引けたのか、裏道の農道を通りました。飲みすぎのせいか、喉が渇いてどうしようもなくなりました。農道には自動販売機など置いてあるはずもありません。自宅までがまんしようとは思ったものの、渇きはすさまじくてどうしようもない状態になっていました。つと農道沿いの畑を見ると、緑色の大きな西瓜がゴロン、ゴロンと転がっています。わたしは、自転車を畑の傍らに置いて、畑のなかに入って行きました。そして、西瓜を一個失敬したのです。それは畑で熟れた西瓜で、皮がパンパンに張っていました。手近にあった先の尖った石を拾い、筋目に沿って西瓜に当てると、西瓜はパックリと口を空け、甘い匂いのする赤い果肉があらわれました。わたしは、それを貪るように食べました。口のなかにえもいわれぬ甘味が広がり、じつに美味でした。あとにもさきにも、あれほどみごとでおいしい西瓜を食べたことはありません。喉もうるおって、意気揚々と自宅に帰ったという次第ですが、わたしはあきらかに窃盗行為をおかしたわけです。もうすでに時効になっていますので、このことを告白しても、だれもわたしを逮捕しには来ないでしょうが、わたしが悪辣な罪科をおかしたという事実は消えません。

しかし、わたしは、アウグスティヌスとはちがって、それが生涯苦にすべき罪だとは考えられないのです。わたしは、自己自身に対して甘い人間なのかもしれません。そのせいか、この西瓜泥坊という行為が、一生にわたって反省しつづけなければならない悪行だとは、どうしても思えないのですが、みなさんはどうお考えでしょうか。わたしの西瓜泥坊も、アウグスティヌスの梨泥坊も、青春特有の小さないたずらとして、お笑いぐさ程度のものでしかないと、みなさんはお考えになるのではないでしょうか。梨泥坊をさして、これを放蕩の一環と見るようなアウグスティヌスの自己反省は、あまりに厳しすぎるように、わたしには思えます。

アウグスティヌスは、梨泥坊の翌年、法的に結婚の対象としてはならない女性と同棲生活に入ります。この女性とのあいだにはアデオダートゥスという息子が生まれています。詳しくは次節でお話ししたいと思いますが、この同棲は、十九歳のころ（カルタゴ遊学中）にいまは失われてしまったキケロの著作『ホルテンシウス』を読んで「知恵への愛」（amor sapientiae）に目覚め、マニ教に入信したアウグスティヌスにとっては慚愧の至りとなりました。またそれは、キリスト教への回心後の彼にとっても、恥ずべき行為でありつづけました。アウグスティヌスは、梨泥坊とこの同棲とをさして、自分の青春は放蕩三昧のどうしようもない時代だったと深く反省するのです。しかし、三八三年にミラノに渡り翌年弁論術教師となるまでのあいだ、十年以上にもわたって、アウグスティヌスは、その女性と同棲生活をつづけています。女性とはキリスト教への回心を目前にして別れざるをえなくなるのですが、その同棲生活のあいだ、アウグスティヌスは、彼女を裏切ったことは一度もありませんでした。十数年ものあいだ、彼はひとりの女性を愛しつづけたのです。

わたしたちは、はたしてこれを放蕩の象徴とすることができるでしょうか。ここでわたしの講義を聴いておられるみなさんのなかにも、いわゆる「彼女」「彼氏」がいる方が大勢おられることと思います。その方々にお尋ねしたいのですが、あなたはひとりの異性を十年以上も愛しつづける自信をおもちでしょうか。わたしが本学で、十六年間教えてきた経験を申し上げますと、大学時代にカップルになった男女が卒業後もおつきあいをするというケースは非常にまれです。まして、結婚にまで至るケースはほんの数例しかありません。この事実を見ても、同棲相手に対するアウグスティヌスの情愛の深さは稀有のものであったといえるのではないでしょうか。

アウグスティヌスは、たしかに法にふれる行為をしました。梨泥坊は犯罪ですし、法的に結婚できない女性との同棲も逸脱行為ではありうるでしょう。ですが、これらの行為のゆえに自己の青年期を放蕩のきわみとまで断罪しなければならないとは、わたしにはとうてい考えられないのですが、さていかがなものでしょうか。要するに、アウグスティヌスは自己自身に対して厳しすぎたのです。その厳しさが彼を宗教的に彷徨させる大きな原因となったように思われるのですが、それについては次節でお話ししたいと思います。

さて、三八四年にミラノの弁論術教師となったアウグスティヌスは、その年、ミラノのキリスト教の司教アンブロシウスの説教を聴いて、いたく感銘を受けました。そして、三八六年の夏、聖書を読んでキリスト教の信仰に目覚め、弁論術教師の職をしりぞきました。すでに回心の決意は定まっていたのです。翌三八七年、三十三歳のアウグスティヌスは、復活祭の前夜にアンブロシウスから洗礼を受けました。これをもってアウグスティヌスの回心と称します。回心後、アウグスティヌスは、キリスト教の聖職者としての道を順調に歩んでいきます。三八八年に故郷タガステに帰り、修道生活を開始。三九一年には、ヒッポ・レギウスの司祭となり、三九六年には司教となりました。没年は四三〇年。すでに大司教となり功なり名を遂げたアウグスティヌスではありましたが、没年には、ヒッポ・レギウスの町は、蛮族バンダル族によって包囲されていました。

2　マニ教への入信

すでに、前節でも述べたように、アウグスティヌスは、敬虔なキリスト教徒の母のもとに、キリスト教的な雰囲気のなかで生育したと考えられます。ところが、カルタゴ遊学中にキケロの『ホルテンシウス』を読んで「知恵への愛」に目覚めたとき、彼が心をひかれたものは、キリスト教ではなくマニ教でした。なぜでしょうか。わたしにはくわしいことはわかりませんが、どうやら、キリスト教はローマの国教とはいえ、アウグスティヌスの目から見れば、土俗的な民間信仰の域を出なかったようです。しかもキリスト教は、その教義のうちにどうしても看過できない大きな難点をかかえていました。これに対して、マニ教はその難点を克服する道を用意していたようです。つまり、当時のアウグスティヌスにとっては、キリスト教よりもマニ教の方がはるかに合理的であるように見えたのです。では、キリスト教がかかえている難点とはどのようなものでしょうか。マニ教はそれをどのように克服しているのでしょうか。

キリスト教の神とは、わたしたちが生きている世界（宇宙）を創造した存在です。それは「在りて在るもの」と呼ばれる至高者です。しかも、その至高性のうちには、最善ということが含まれています。神は善なるもの以外の何ものでもなく、したがって、その創造行為もそれによってつくられたすべてのものも、例外なしに善であるということになります。ところが、人間の現実生活のなかには、さまざまな悪があります。窃盗、詐欺、強姦、殺人などの道徳的悪や、旱魃、洪水、大地震などの自然的悪です。悪などありえないはずなのに、どうして実際には悪がなされ、存在するのか。それは、マニ教の側から、つぎのように定式化されつつ投げかけられた問いです。unde malum est?（悪はどこから来るのか）。

この問いは、キリスト教を神義論へと導く問いで、現代に至ってもなお明快な回答を与えられていません。アウグスティヌスの時代の、まだ土俗的な段階にあったキリスト教がこれに答えられなかったとしても、それはいたしかたのないことでしょう。

ところで、神義論は、二十世紀という最悪の時代を経た今日において、きわめて厳しい問題として浮上してきています。二十世紀という時代は、戦争や革命（とそれにともなう粛清）によって、あまりにも多くのひとびとが無惨に殺された時代でした。第一次世界大戦の戦死者は、九百万人をこえると推定されます。第二次世界大戦では、二千万人のロシア人、六百万人のドイツ人、三百万人の日本人、二十万人のアメリカ人が殺され、さらには、二千万人以上ものひとびとが、中国を中心とするアジア地域で命を奪われました。それだけではありません。ナチスドイツの強制収容所では六百万人のユダヤ人が惨殺されていますし、スターリンの粛清によって三千万人のひとびとが、毛沢東の文化大革命によってやはり三千万人のひとびとが命を失ったと推定されています。ここに日露戦争やベトナム戦争の戦死者などを加えれば、二十世紀は、数えきれないくらい多数のひとびとがむごたらしく殺された世紀であり、それ以前には類を見ない最悪の時代だといえます。もし、最善なる神がこの世界を造ったとするならば、なぜ、このような、悲惨というだけではことばも及ばないほどにむごたらしいできごとが起こってしまったのでしょうか。欧米では、アウシュビッツ以後の神についてどう語ればよいかが議論になっているようですが、広島、長崎（原爆）以後の神についてどう語ればよいのかも、大きな問題となることでしょう。残念ながら、現代のキリスト教神学者や哲学者たちは、この問題に明快な答えを与えることができないでいます。最善の神がつくったこの世界に、人間性の根幹をゆるがすような悪がはびこるのはなぜか。この問いは、いまなお、キリスト教徒たちのこころに重くのしかかっているはずです。もし、この問いに答えようとする意志もなく、平然と神の存在への信憑を口にする者がいるとすれば、そのようなひとは破廉恥以外の何ものでもないというべきでしょう。

わたしの見るところでは、この神義論に明快な回答をもたらしたのは、ユダヤ教の神学者・哲学者のハンス・ヨーナスではないかと思います。ヨーナスがキリスト教徒ではなくユダヤ教徒であることは、いささか歴史の皮肉めいています。キリスト教徒がアウシュビッツや広島、長崎に関して加害者的な立場にあるのに対して、ユダヤ教徒はあきらかに被害者だからです。ヨーナスは『アウシュビッツ以後の神』という講演集のなかで、こう語っています。アウシュビッツに代表される二十世紀の惨劇をもたらしたものは人間の自由意志だが、その自由意志は神から与えられたものである、そして、神は人間に自由意志を与えた瞬間にみずから無力であることを選んだのだ、と。神義論をこのように解釈するならば、神が二十世紀の惨劇を放置した理由がよくわかります。かつて、神はたしかに全能でした。それゆえ、神は人間に自由を与えるということが何を意味するのかを知っていました。知っていながらもあえて人間に自由を与えたということは、神が全能であることを捨てたことを意味する。こう考えると、神義論には一応決着がつくことになるでしょう。

しかし、それにしても、事態はあまりに残酷すぎます。神がかりに全能であることを捨てたにしても、人間は元来善き方向にむかうように造られていたはずです。その人間がほとんど無限に近い残虐さを発揮してしまうのはなぜなのか、ヨーナスが透徹した解釈を与えたにもかかわらず、やはり問題は依然として残置されてしまうように見うけられます。

キリスト教に回心してのちのアウグスティヌスは、神義論に対して、およそつぎのような回答を与えています。ひとつは、この世界における悪は何ら積極的な存在ではないというものです。すなわち、アウグスティヌスによれば、悪（malum）とは「善の欠如」（privatio boni）にすぎません。悪は実際に実在するかのように見えるけれども、それはただたんに善が欠けた態様でしかなく、じつは非存在なのだ、とアウグスティヌスは主張します。ふたつ目の回答は、この世界に悪をもたらすものは、神の意志ではなく人間の自由意志だ、というものです。神は、人間に自由意志を与えた。それはみずから意志して神を讃美するようになるために、神が人間にもたらしたものだ、というのです。いずれの回答も一見もっともであるように見えます。

しかし、ひとつ目の回答に対しては、当然こういう疑問が起こってくるでしょう。男の野獣のような欲望の犠牲になった女性に対して、あるいは旱魃によって荒れ果てた畑を眼前にして茫然とたたずむ農夫に対して、悪は善の欠如で、本質的には非存在なのだから何ら案ずることはない、といったところで、それはけっして慰めにすらならないのではないか、という疑問です。第二の回答は、いかに神を讃美させるためとはいえ、極悪無道なふるまいの原拠となる自由を、神はいったいどうして人間に与えてしまったのか、という疑問を避けることはできないでしょう。

わたしの記憶が定かではないので、これはアウグスティヌスがいったことかどうかはわかりませんが、古代末から中世にかけて神義論に対する第三の回答として、つぎのようなものがあったそうです。悪とは善をきわだたせるための香辛料のようなものであって、悪の存在が神の善性をいっそうあきらかにする、というものです。この回答も一見もっともらしいのですが、それは人間の悪行の範囲がきわめて限定されていた時代に関してのみ通用するもののようです。二十世紀という大量殺戮の時代を体験したわたしたちには、この回答は冗談にすらなりえないでしょう。無数の人命が失われたあの戦争や、革命による粛清が、善をきわだたせるための香辛料であるとすれば、悪とはあまりに高価すぎるものだといわざるをえません。わたしたちは、それほどまでに高価な香辛料を欲するでしょうか。

ともあれ、現代のキリスト教もアウグスティヌスの時代のそれも、神義論に明快な答えを出すすべをもたないのです。これに対して、マニ教は神義論そのものを問題化する必要をまぬかれていました。マニ教とは、紀元三世紀ころにペルシア人マニによって創始された宗教で、当初からキリスト教の一派であると自認していました。マニ教は、この世界に悪が存在することをみとめます。しかし、この宗教は、神の善性と悪の実在との相克に悩む必要がありませんでした。なぜなら、マニ教は、旧約聖書をみとめず、したがって、最善の神がこの世界をつくったという、創世記の記述を否認するからです。マニ教によれば、この世界をつくったのは「狂ったデミウルゴス（製作者）」であり、神ではありません。ですから、狂気の製作者の仕事の結果として悪があるのは当然だ、ということになります。

さらに、マニ教は主張します。この世界における善とは、光の部分すなわち人間の精神的な側面であり、一方、悪とは闇の部分すなわち人間の肉体的な側面である、と。この教義によれば、人間が善なる者として在るためには、徹底して闇の部分すなわち肉体的な側面を遠ざけなければならなくなります。アウグスティヌスは、神義論を無意味化するマニ教の合理性にひかれて、この宗教に入信しました。アウグスティヌスの知恵への愛は、この宗教によって部分的には満たされたかもしれません。しかし、マニ教の教義に忠実であろうとすると、アウグスティヌスには困った問題が生じてしまうことになります。

それは、当時のアウグスティヌスが、女性と同棲生活を送っていたことです。同棲相手の女性は、アウグスティヌスよりも若干年長ではなかったかと推定されますが、それにしてもまだ二十代の若者どうしです。同棲生活のなかには、当然ながら性的な交渉も含まれていたことでしょう。アウグスティヌスは、ときとして肉体的な欲望のとりことなり、性的な快楽をむさぼったにちがいありません。マニ教の教義からすれば、そのような生活をおくる者は、闇の部分すなわち肉体的な側面に拘泥する者として、救われない人間のうちに分類されてしまうことになります。もっともマニ教の場合、真に肉体的なものから遠ざかることができるのは一部の選ばれた修行者のみであり、一般信徒は修行者への布施によって救われるということになっていましたから、一般信徒にすぎないアウグスティヌスが肉体的なものにとらわれる己れの姿を恥じる必要はなかったようにも思われます。

ところが、「アウグスティヌスの生涯」の節でも述べたように、彼は、些細な罪を許されがたい大罪と考えるようなリゴリスティック（厳格主義的）な性格のもちぬしでした。日常生活のなかでときとして肉の世界に耽溺する自分は、このままでは救われないのではないか、という恐怖が彼を襲います。この恐怖にさいなまれていたときに、彼が出会ったのが、キリスト教の司教アンブロシウスでした。アンブロシウスは、人間が肉体性を帯びたままで救われることを説いていました。たしかに、聖書には「生めよ、増えよ、地に満てよ」ということばがあります。キリスト教は、肉の欲望をもったままの人間が神によって救済されることを説く宗教でした。アウグスティヌスは、そのことを知り、安堵します。肉欲のとりこになってきたこれまでの自分を救ってくれるものは、キリスト教以外にはない。そう判断したアウグスティヌスは、さきにも述べましたように、三十三歳のとき、マニ教を完全に捨ててキリスト教徒となったのでした。

キリスト教徒となったアウグスティヌスの前には、神義論のほかに一つの重大な問題が立ちはだかります。それは、最善なる世界創造者としての神は、唯一、絶対、全知、全能であるということです。すなわち、神が、すべてを知りつくし、あらゆる動物のすべての言動を隅々まで統御しているとすれば、いったいどこに人間の自由がありうるのか、ということが解決を要する重要なテーマとしてアウグスティヌスの面前に立ちあらわれたのです。すべてが神の世界計画のもとに統制されているとすれば、人間は神の傀儡のごときもので、その行為には何らの自発性も自律性もないことになってしまいます。これは、人間の本来性を否定する極論というしかありません。この講義は、火曜の五時限に行われているわけですが、みなさんのうちの何人かのかたは、講義が終われば、夕食をとりにいかれることでしょう。その際、何を食べるかはみなさんの自由意志にゆだねられているはずです。何を食べるかまで、すべて神の意志によって決定されているとすれば、これほど味気ないことはないでしょう。いまわたしは教壇に立って、すこしずつ移動しながら話をしています。右に動こうか、それとも左にしようかという判断は、私自身の意志によるものであるはずです。それさえもが、神の世界計画によってあらかじめ定められているとすれば、わたしたち人間は自動機械のようなものになってしまいますね。こんなつまらないことはないと思うのですが、みなさんはいかがでしょうか。アウグスティヌスは、この問題に悩みました。その苦悩のひとつの成果が、『自由意志論』（*De libero arbitrio*）でした。以下、この書を中心に、『告白』の記述なども勘案しながら、アウグスティヌスの自由観に迫ってみることにしましょう。

3　神の世界計画への自由

キリスト教は、あくまでも人間中心主義を貫くという意味で、典型的なヒューマニズムの立場に立ちます。このヒューマニズムによれば、人間と動物およびそれ以下の存在者とのあいだには、理性をもつか否かという点に関して決定的な差異が生じます。このことを、もっとも明快に述べたのがアウグスティヌスであり、とくに彼の『秩序論』（*De ordine*）です。『秩序論』によれば、存在と存在者は以下のように序列化されます。まず二等辺三角形を思い浮かべてください。

その頂点には、神という存在がいます。「点」は量も形もないわけですから、その一点に神がいるとはいっても、具体的な存在者のようにそこに定位されているわけではありません。そもそも、神は「物」や「者」ではないので、「存在者」とはよべません。それは、本来言語による定義づけの範囲をこえていますが、あえてことばで表現するならば「在りて在るもの」ということになりましょうか。ともかくも、神は、ほかのいっさいの存在者をこえているのです。それを人間の表象力の範囲に位置づければ、二等辺三角形の頂点に立つということになります。

神の下に位置づけられるのが天使です。神が形も量もない存在、すなわち形相も質料ももたない存在であるのに対して、天使は純粋な形相をもちます。ただし、質量はもちません。神は理性そのものでもあるのですが、天使もまた純粋に理性的な存在者です。その天使の下に位置づけられるのが人間です。人間は天使とは異なり、形相と質料をもちます。形と量をふたつながらに備えた存在者として可視化されます。神よりはもちろんのこと、天使よりもはるかに劣る存在者ですが、理性を有するという一点に関しては、神や天使に近い存在者であることになります。人間は「神の似姿」(imago Dei) と考えられます。存在および存在者の秩序は、ここで大きな一線を引かれることになります。

人間の下に位置づけられるのは動物です。動物は、秩序だった子育てをしますし、その過程で天敵に対する恐怖や仲間に対する親愛の情などを示します。動物に感情があることは否定できません。しかし、アウグスティヌスの見かたでは、動物には理性がありません。理性（ratio）とは、AならばB、BならばCというふうに考えていく推論能力のことでしょうが、たしかにそういう能力が動物に十分に備わっているとはいえないと思います。ただし、わたし個人は、動物には理性がないと断定してしまうことに疑問をもっています。わたしは柴犬を一頭ペットとして飼っています。「亮」という名前の犬です。亮には、わたしの気持ちを類推する能力があります。たとえば、毎朝大学に出校する前に亮の散歩をしますが、その際、わたしは彼がウンチをすることを願っています，亮にもその願いが通じていて、彼はウンチが出るときには意気揚々とリールを引っ張っていきます。ところが、ウンチが出ないときには、いかにも申し訳なさそうにチラリチラリとわたしの顔をうかがいつつ、速度を緩めて歩きます。亮には、人間ほどではないにしても、何らかの理性的能力があるように思えるのですが、それはわたしの錯覚でしょうか。ともかくも、アウグスティヌスは、動物には理性がないと考え、それゆえに動物を人間以下の存在と規定しました。

その動物よりもさらに下位に位置づけられるのが植物です。植物には生命性はあっても、理性はもとより感情すらない、とアウグスティヌスは考えます。感情のないものが、感情のある動物よりも劣るというのは自然な発想のように見えます。しかし、わたしは、この点に関しても疑問をもっています。みなさんはトマトの栽培方法としてハイポニカ栽培というのがあるのをご存じでしょうか。これは、水だけを与えて、まったく肥料を与えない栽培方法です。ただし、何もしないわけではありません。栽培家が小まめにトマトに話しかけるのです。「お前はかわいいやつだなあ」とか「りっぱに育ってくれよ」とか。すると、そうやって栽培されたトマトは、ふつうの育てられ方をしたトマトよりも、より大きく育っていっそう甘い実をみのらせるというのです。信じられないことかもしれませんが、これは、トマトの栽培家のあいだで現在広く知られている事実です。ならば、植物にも感情があり、動物と植物とのあいだに一線を画することもむずかしくなると思うのですが、さていかがなものでしょうか。

アウグスティヌスの『秩序論』のなかで最下層（底辺）に位置づけられるものは、鉱物などの無生物です。これは理性も感情も生命性ももたないという意味で、そのように位置づけられます。わたしは、これについては明快な反論をもちあわせていません。生命性をもたないとまで断定することには若干の疑問を禁じえませんが、すくなくとも無生物が感情をもたないことだけは事実ではないかと思います。その意味で無生物が存在と存在者の秩序のなかで最下層に位置づけられることは妥当でしょう。くりかえし強調するならば、アウグスティヌスがもっとも大きな線引きの根拠とするものは理性です。彼が理性ある存在者と見なすものは人間までで、それ以下の存在者は理性なきものということになります。アウグスティヌスにいわせれば、理性あるものは、理性なきものを己れの意志によって自由に扱うことが許されています。これは聖書にも書かれている論理ですが、理性あるものは、理性なきものを己れが生きるための料として己れの用に供することがみとめられる、とアウグスティヌスはいいます。要するに、人間には人間以外のすべての動植物や無生物を、自分が生きていくために利用する権利があるというわけです。

こうした人間中心主義には、わたしたち日本人の伝統的な思想にそぐわない面があります。わたしたち日本人は、仏教を生きるための指針としてきました。もちろん、儒教や神道がわたしたちに与えた影響には無視できないものがあります。しかし、わが国においては、儒家や神道家はごく少数派であって、庶民の多くは仏教にすがりながら生きてきたといってもいいすぎではない、とわたしは思います。その仏教は人間中心主義、すなわちヒューマニズムの立場をとりません。

仏教においては、人間にも動物にも（日本仏教では、植物にも、無生物にも）、仏となるべき性質、すなわち仏性が宿っていると考えられています。これは如来蔵思想というものです。この如来蔵思想を敷衍すれば、生きているもののすべてが平等であり、ある種が別の種を自分たちが生きるために犠牲にすることは許されません。にもかかわらず、生きていたいと思うのが人情ですから、人間は、人間以外の動物や植物を食べてしまうことになります。その際、わたしたち日本人は、食べて当然だとは考えないはずです。ほんとうは食べてはいけないものをやむをえず食べている、というのが日本人のごく日常的な発想ではないでしょうか。その証拠に、わたしたちは、食前に「いただきます」ととなえ、食後に「ごちそうさま」ととなえます。これらのとなえ言は、食費を稼いでくれた父親や、食事をつくってくれた母親への感謝を示すものではなく、わたしたちごとき凡愚のために犠牲になってくれた動植物への感謝の念をあらわすものです。アウグスティヌスたちキリスト教徒とわたしたち日本人の動植物をめぐる以上のような発想の差異は、捕鯨問題や臓器移植問題に大きな影を投げかけているのですが、この問題に関しては、機会をあらためて、別の講義で論じることにいたします。

さて、アウグスティヌスにいわせれば、人間は、理性的存在者であるがゆえに、動植物や無生物よりもはるかにすぐれています。先に説明した二等辺三角形上で、人間より下層に位置する動物、植物、無生物は、「理性を欠いた自然」と呼ばれます。アウグスティヌスの『自由意志論』では、神がこの世界の極小の部分に至るまですべてを統御しているという事態、すなわち「神の世界計画」は、理性を欠いた自然にとっては因果決定的な必然性であるとされます。理性を欠いた自然は、それ自体の独自の目標をもたないままに因果決定的な法則性に隅々まで支配しつくされているというのです。ところが、とアウグスティヌスはいいます。神の世界計画は、人間という理性的な存在者にとっては、観念的当為規範となる、と。つまり、神の世界計画は、人間にとっては、あくまでも自発的かつ主体的に守りぬくべき責務（Sollen）となるというのです。そして、アウグスティヌスは断言します。人間の自由とはその責務を積極的に果たしていくことにほかならない、と。

アウグスティヌスによれば、神の世界計画に反することは、没理性のなせるわざであり、理性的存在者としての人間には、本質的に行いようのない行為なのです。ここに、「神の世界計画への自由」という観念が顔を出していることは明白です。アウグスティヌスは、つまるところ「～への自由」を真の自由と見る立場に立っていたといえましょう。彼は、それをさらに、神話的な視点から跡づけていこうとします。

4　神話的自由観

アウグスティヌスは、聖書の創世記を読むことによって、「最初の人間」に出会います。「最初の人間」とはアダムをさすわけですが、アウグスティヌスによれば、アダムは「罪をおかさないことができる」(posse non peccare) という状態に置かれていました。「罪をおかさないことができる」ということは、罪をおかすことができることをも意味しています。すなわち、アウグスティヌスは、人間はその原初の段階において、罪をおかすこともできればおかさないこともできる状態、つまり、善悪双方にむかって開かれた状態にあったと述べているのです。善悪双方にむかって開かれた状態とは、人間が自分以外の何ものによっても束縛されることがなく、あらゆる強制から解き放たれていることを意味しています。したがって、アウグスティヌスによれば、最初の人間は「〜からの自由」をそなえていたことになります。

ところが、人間はこの「〜からの自由」を行使することによってとりかえしのつかない罪をおかしてしまいます。最初の人間はエデンの園とよばれる楽園に住んでいました。そこでは、アダムも、その肋骨から造られたエバも、ともにあらゆる労苦を免れ、平安な日々をすごしていました。エデンの園には、多くの木々があり、アダムとエバは、一本の特殊な木を除いては、そこに成る果実のすべてを食べることを許されていました。ふたりは心身ともに満ち足りた状態にあり、不足に思ったり不満をいだいたりすべきことがらは何ひとつないはずでした。ふたりは、ただ、一本の特殊な木に成る果実を食べることを許されていないだけでした。一本の特殊な木とは、善悪の知恵の木であり、神は、ふたりに対して、そこに成る実を食べると、お前たちは死んでしまうことになるとかたく戒めていました。何の労力も働かせることなく、満ち足りたまま不死を享受できる状態にあったアダムとエバは、神の戒めに服従しつつ快楽にあふれた生を謳歌していました。

そんなある日のこと、一匹の蛇がエバのもとを訪れ、なぜ知恵の木に成る果実を食べないのか、と尋ねました。エバが神の戒めを告げると、蛇は、「食べてもけっして死ぬことはない。善悪の知恵が開かれるだけだ」といいました。エバは知恵の木の実のいかにもおいしそうな様子を見て、蛇の誘惑に抗しきれなくなってしまいました。そして、とうとう知恵の木の実を食べてしまったのです。陶然としたエバは、アダムにも食べるように誘いました。アダムもまた誘惑に抗しきれず、知恵の木の実を食べてしまいました。すると、善悪の判断能力がめばえるとともに羞恥心が目覚め、ふたりはいちじくの葉を折り合わせて、自分たちの腰をおおいました。その姿を見た神は、ふたりが蛇の誘惑に負けて禁断の木の実を食べたことを知り、激怒します。神は、アダムとエバ、そして蛇を楽園から追放しました。創世記によれば、以後、蛇は地をはいまわって生きなければならなくなり、アダムとエバは、それぞれ労働の苦しみと出産の苦しみを身にうけることになりました。

アウグスティヌスによれば、こうしてアダムとエバは、禁断の木の実を食べるというとりかえしのつかない罪におちいり、「罪をおかさないことができる」自由を失ってしまいます。アウグスティヌスはいいます。その結果人間は、「罪をおかさないことができない」(non posse non peccare) 状態に置かれてしまった、と。「罪をおかさないことができない」ということは、いつもすでに罪をおかしてしまっていることを意味します。人間は、禁断の木の実を食べるという「原罪」(peccatum originale) の結果、罪悪にまみれた救われがたい生きものに堕してしまったというのです。アウグスティヌスから見れば、このことは、人間がいっさいの自由を失ったことを意味しています。何ごとをなそうとも、何を思おうとも、すべてが罪悪になってしまうということは、人間が善に対して無力になったということだからです。善への無力こそ、まったくの無能力を意味しており、その無能力は、そのままただちに自由を喪失したということにほかならない。アウグスティヌスはそう考えたのでした。しかし、この「原罪」にもとづく自由の喪失状態は、やがてイエス・キリストの登場によって、根本から改善されることになります。

イエス・キリストとは、歴史上は、大工を生業としていた、ガリラヤのナザレのイエスのことです。イエスは、洗礼者ヨハネから洗礼を受け、以後、神の国の到来は近い、ひとびとはその到来の日にむけて己れのこころを清めなければならないという教えを布教するようになりました。その際、みずから神の子（救世主）と称したことがユダヤの宗教的権威の忌諱に触れ、十字架上に刑死せしめられることになります。イエスが説いたのは神への篤い信仰であり、ひとびとが自分自身を崇めることではありませんでした。しかし、この素朴で篤実な信仰、いわばイエス自身を主格とする信仰は、やがてその弟子たちによって、イエスの復活を信ずる信仰、すなわちイエスを対格とする信仰へと変質していきます。それは、イエスの十字架上での死が、あまりに無惨であると同時にきわめて劇的なものであったからでしょう。

アウグスティヌスが信じたのも、イエスを主格とする信仰ではありません。それは、イエスを救世主キリストとして、さらには神の子として尊崇する信仰でした。アウグスティヌスによれば、イエスは人類の原罪を一身ににになって、いわば人類全体の犠牲となって十字架上に死したのであり、その死は、それまでの人類の在りようを根本から変えてしまうものでした。すなわち、最初の人間がエデンの園で禁断の木の実を食べて以来、人類が連綿となってきた「罪をおかさないことができない」状態は、イエスの死によって、別の状態へと変容することになります。アウグスティヌスはいいます。イエス・キリストの代苦の死を媒介として、人類は「罪をおかすことができない」（non posse peccare）状態に立ち至った、と。そして、この「罪をおかすことができない」状態とは、アウグスティヌスにとって、完全なる自由を意味していました。いかなる情況においてもけっして罪をおかしえないこと、それは神の意志に、ひいてはその世界計画に徹底して服従することです。こうして、アウグスティヌスは、神話的な文脈に即して、神の意志（世界計画）を見定めて能動的かつ積極的にそれにしたがっていくことこそを自由と見る、自己の自由観を完結させます。

このように見てくると、アウグスティヌスの自由観はストア学派の自由観とのあいだに親近性をもっているように思えます。この判断は、けっして誤ってはいないでしょう。アウグスティヌスもストア学派も、ともに神の理法や意志にしたがうことをもって真の自由と見なしたのですから。ただし、わたしたちには、ここで注意をはらっておくべきことがらがあります。それは、ストア学派にとっては、神が世界そのものと目《もく》されていたのに対して、アウグスティヌスの場合には、神は世界を超越する存在であった点です。両者の神観には決定的な差異があり、この差異に着目するかぎり、両者の自由観をまったく同類のものと認定することはできません。人間的秩序とのかかわりのなかで世界として位置づけられた神にしたがうか、それとも、人間的秩序をこえいでた神にしたがうかということは、思いのほかに大きな思想的差異を示すものです。超越的な神はわたしたちの眼前に、けっしてその姿を見せることはありえません。これに対して世界は可視的です。見えないものにしたがうべきことを強調するアウグスティヌスの自由観は、見えるものにしたがうべきことを主張するストア学派の自由観にくらべて、はるかに観念的で抽象的な側面をもっていたということができるのではないでしょうか。

要するに、アウグスティヌスの自由観とは、「〜からの自由」を排し、徹底的に「〜への自由」を称揚するものにほかなりません。かりにアウグスティヌスを古代末の思想家とし、それ以後の思想家たちの時代を中世と呼ぶことがみとめられるならば、古代における自由観の相克は、アウグスティヌスをもっていちおうの決着を見たといってもよいと思われます。古代末から中世にかけての西洋世界は、文化面においても思想面においてもキリスト教が一世を風靡した時代であり、神の意志にしたがうこと以外に自由というものの在りようは考えられなかったからです。このことは、いいかえれば、アウグスティヌスの強調する「神の意志への自由」が、中世全般をとおして支配的な自由観でありつづけたことを意味しています。わたしの見た範囲では、古代末以来十三世紀から十四世紀に至るまでの中世の思想家たち（神学者、哲学者を含む）のなかで、アウグスティヌスの見解を逸脱する自由観をとなえた人物は、ひとりも見いだすことができません。この講義の序章で述べたように、自由の問題こそが道徳・倫理の根幹をなすとすれば、中世の道徳観・倫理観は、アウグスティヌスの思索の枠内に収束されるものであったといっても過言ではないでしょう。そして、このことは、中世全般をとおして、「〜からの自由」が軽視され、「〜への自由」と「〜からの自由」とを理論的に統合しようという思想的な立場があらわれなかったことを意味しています。そうした立場が、明確な形で打ちたてられるには、中世の終焉を待たざるをえませんでした。

ただし、近代を押し開くための駆動力となったルネッサンス・メンシュたちも、あるいはデカルト以後の合理的な哲学も、自由の問題を正面から問おうとはしませんでした。君主制（王政）のくびきに縛りつけられた近代初期の思想家たちにとっては、人間の自由を社会的な次元で主題化することにはあまり意味がなかったからでしょう。ところが、時代は次第に民主主義を重んじる方向へと動いていきます。アメリカ独立戦争をとおして、あるいはフランス革命をとおして、西洋世界は市民の自由を重視する社会へと次第に変貌していきます。その変貌のひとつの到達点がカントの道徳哲学・倫理学、とくにその自由論であるといっても過言ではないと思います。カントは、「〜への自由」と「〜からの自由」との統合を企てた思想家でもありました。カントの自由論とは何か。わたしたちは、つぎにこの問題を問わなければなりません。

その際、みなさんに一点注意を傾けていただきたいことがらがあります。これまでストア学派、エピクロス学派、ソクラテス（プラトン）とアカデメイア学派、アウグスティヌスなどにかかわって自由の問題を論じる際に、わたしは自由「観」という表現をしました。ところが、カントについて論じようとするいま、自由「論」という表現を用いているという点が、それです。わたしが、カント以前の思想家たちに関して「自由観」という語を使用したのは、それらの思想家たちが、いずれも自由の問題を生涯の中心的なテーマとしていたわけではなかったからです。彼らは、運命や死、神などを主たる関心とする際に、いわば周縁的なテーマとして自由を論じたにすぎません。「論」というほどの体系だった姿は彼らの論説には見いだしえないといってもよいでしょう。しかし、カントは自由の問題を「実践理性の体系の全建造物の要石をなす」と断言しています。カントの実践哲学にとっては、自由こそがもっとも肝要な問題だったのです。カントは、『実践理性批判』はもとよりのこと、『純粋理性批判』においても、自由の問題を自己の哲学の核心として「論」じています。したがって、この講義では、自由の問題をめぐるカントの考察をこそ「自由論」と名ざしたいと思います。

第六章　カントの自由論

1　カントの生涯と基本的な問題意識

かつてドイツの北方に、ケーニッヒスベルクという名の瀟洒な港湾都市がありました。第二次世界大戦の結果、ソビエト連邦（現ロシア）領となってしまったこの都市に、イマニュエル・カントは生をうけました。一七二四年のことです。この第六章の講義では、第五章と同様に、ひとりの人物をめぐってその自由論を問います。したがって、第五章で試みたように、まず第一にその人物―カントの生涯を語ってみたいと思います。

ところが、この試みには、ひとつの大きな困難がともないます。アウグスティヌスの生涯がさまざまな意味で波瀾万丈であったのに対して、カントの生涯はあまりに平凡にすぎるからです。日本最初の体系的な哲学者と称される西田幾多郎は、自分の生涯をふりかえれば、黒板を前に座っていたのが、黒板を背に立つようになっただけのことだ、と語りました。じつは西田は、何人もの子どもたちを亡くしたり、妻にさきだたれたりと、さまざまな難事に襲われました。西田の自称「平凡な生涯」は、実際にはかなり曲折に満ちたものであったといえます。これに対して、カントの生涯はきわめて平板です。あえて語ろうとすれば、ひとことで終りかねない恐れさえあります。しかし、人間平凡に徹しぬくということは、その平凡さを突きぬけて、とうてい尋常とはいえない境涯を示すことにつながるようです。カントの人生は、このことを端的に示しています。

カントの家庭はあまり裕福ではなかったようです。それでも息子を大学に入れる程度の経済力はありました。カントは、一七四六年に、二十二歳でケーニッヒスベルク大学を卒業します。当初から哲学者の道を志していたカントですが、そのときは残念ながら就職先がありませんでした。彼は、富裕な家庭の家庭教師をしながら生計を立てます。どの程度の生活をしていたのかはわかりませんが、食べるには困らなかったようです。カントが大学に就職先を得たのは、一七五五年、三十一歳のときのことでした。ケーニッヒスベルク大学の私講師の職についたのです。しかし、私講師とは不安定な身分でした。大学から給与が支払われるわけではなく、聴講生から直接金銭を支払ってもらうという形だったのです。カントは一週に十数コマもの講義を担当したそうです。生活はけっして楽ではありませんでした。苦しい生活のなかでは、さすがのカントもまとまった仕事ができなかったのでしょう。私講師時代にもいくつかの論文を書き、ベルリンアカデミーの懸賞論文に当選したりしていますが、ついに大きな業績を残すことはできませんでした。

そのカントを転機が訪れます。一七七〇年、四十六歳のとき、ケーニッヒスベルク大学の正教授の座につくことができたのです。四十六歳で教授というと、現在のわたしたちの基準から見れば、けっして遅すぎるようには見えないかもしれません。他大学のことはよく知りませんが、わたしたちの大学の人文系では、だいたい教授昇進年齢は五十二、三歳前後です。ちなみにわたしは四十七歳のときに教授に昇任しました。本学では少々早めですが、カントにくらべれば一年遅い。こう見てくると、カントの人生は順風満帆のように思えます。しかし、実際にはそうはいきません。シェリングやニーチェが二十代で、フィヒテが三十代で正教授の座を射とめたことを思うと、カントはかなり出世が遅かったといわざるをえないでしょう。カントが俄然哲学研究に全力を投入しはじめるのはこのときからです。

あとからもう一度ふれますが、彼は、一七八一年、五十七歳のときに『純粋理性批判』（*Kritik der reinen Vernunft*）という大著を物しました。正教授昇任以来の多年の努力がみのった作品です。以後、彼は矢継ぎ早に著作を公刊してゆきます。一七八八年、六十四歳のときには『実践理性批判』（*Kritik der praktischen Vernunft*）を、一七九〇年、六十六歳のときには『判断力批判』（*Kritik der Urteilskraft*）を刊行しました。カントの著作は晩年に集中しています。ケーニッヒスベルク大学正教授という地位が、いかに彼を躍動させたか、よく理解できます。

この間、彼は、じつに規則正しい生活をおくり、学問に人生のすべてを傾けました。カントの規則正しい生活は、さながら判でおしたように機械的にくりかえされ、なかば伝説化していいます。彼は毎朝午前四時に目覚め、煙草を一本だけすったあと、執筆活動に没頭します。その後大学に出校して所定の講義をこなしたあと、きまった時刻に昼食会を開きます。一人で食事をすることは心身によくないと考えていたカントは、地元ケーニッヒスベルクの知人たちを招き、かならず五、六人で食事をしたのです。招かれた人々のなかには貿易商もいたそうです。カントは遠い異国の商人たちと取引をし、外国事情に通じた彼らの口をとおして、世界情勢に通暁するようになりました。

たとえば、カントには『美と崇高の感情に関する考察』という小篇がありますが、そのなかで彼は当時のドイツ人としては珍しく、日本のことに言及し、「日本人は東洋のイギリス人である」といっています。その評価が妥当かどうかは別にして、これはカントの知見の広さを示す挿話といえましょう。貿易商から学んだ知識は、彼の『自然地理学』にも大きな影響を与えているように思われます。五、六人による食事会を終えると、カントは散歩に出かけます。散歩のコースはいつもきまっていて、そこからそれるということはありません。ケーニッヒスベルクの街の人々は、「いまカント先生がそこを通ったから六時だ」というふうに、散歩中の彼を見ることによって時刻を知ったとさえいわれています。散歩から帰ると、カントは読書をします。手紙などはこの読書時間内にしたためたと思われます。そして、彼は午後十時ちょうどに床に就きます。以上がカントの一日です。彼はこうした一日を、正教授になって以来病床に臥すまで三十数年ものあいだくりかえしたのでした。

カントが亡くなったのは一八〇四年のことでした。前年あたりから、彼は脳梗塞で寝こんでいたようです。彼は生涯独身をとおしました。したがって、彼の最期を看取る家族はいなかったようです。数名の友人と身のまわりの世話をする召使とに見守られながら、カントは八十年の生涯を終えました。最期のことばは、Es ist gut. だったそうです。

このことばは、ごくふつうに解釈すれば「これでよし」という意味にとることができます。カントは、己れの八十年の生涯をふりかえり、何ら思い残すこともなく、十分に満足して死んでいったのでしょう。青年時代に多少の不遇をかこったものの、その後半生は順風満帆でした。三批判書（『純粋理性批判』『実践理性批判』『判断力批判』）によって、哲学史上に燦然と輝く業績を残し、弟子たちにも恵まれたカントは、「これでよし」とひとこと述べて、泰然自若として死を迎えたのだと考えられます。しかし、余計なことをいうようですが、この Es ist gut. については異説もあります。死を迎える数ヵ月前から、カントは、寝る前にある飲み物を口に入れるのを習慣にしていました。それは、葡萄酒を水で割りそこに蜂蜜を加えた飲み物でした。カントは死の直前にこの飲み物を口にしたそうです。その際にもし彼がEs ist gut.といったのだとすれば、それは、「これでよし」という意味ではなく「ああうまい」という意味だったことになります。真実はいずれにあるのか、カントを専門的に研究したことのないわたしには分かりかねますが、とかく偉人の最期というものが、周囲の人間によって飾られることが多いのはたしかでしょう。Es ist gut.が「ああうまい」という意味だったとまで断言することはさしひかえたいと思います。しかし、自身の全人生をふりかえったうえでの発言だったと解することが妥当かどうかは、慎重に判断すべき問題のようです。

さて、以上のような人生を送ったカントですが、彼の哲学者としての生涯は、つぎのような四つの問題意識によって貫かれていました。

①わたしは何を知ることができるか。
②わたしは何をなすことができるか。
③わたしは何を欲することができるか。
④人間とは何か。

①は、人間の認識能力にかかわる問題意識です。人間はその純粋理性を用いて何を知ることができるのかを、カントは徹底して考えぬきました。それは、認識の可能性のみを追うものではなく、人間には何が知りえないのかをあきらかにしようとする試みでもありました。それゆえ、カ

ントは、この問題意識にもとづいて展開される、認識に関する理性の吟味を「批判」(Kritik)と名づけました。その批判は苦渋に満ちたものでしたが、やがて『純粋理性批判』として完成されました。

②は、人間の実践能力に関する問題意識です。人間は行為に関してさまざまな可能性に満ちた存在です。しかし、何をしてもよいというわけではありません。なすべきこととなすべからざることとは、はっきりと区別されるはずです。その区別は道徳的なものにちがいありません。したがって、カントは②に基づいて、人間の道徳・倫理の諸問題を思索します。その思索が結実した作品が、『実践理性批判』でした。

③は、人間の美的判断力にかかわる問題意識です。「何を欲することができるか」という疑問は、一見人間の欲望に結びついているように見えます。道徳的なリゴリスト(厳格主義者)のカントも、人間にもろもろの欲望がある事実を否定するわけではありません。しかし、カントによれば、人間が欲するものは美的な事物です。醜悪なものを人間は求めません。となれば、美とは何か、何をもって美とすべきかという問題が生じます。③は、この問題に対する回答を模索するもので、やがて美的判断力を主たる考究の対象とする『判断力批判』として結実します。

④については、多言を要さないでしょう。「愛知の学」としての哲学をする者ならば、だれしも、いまこのように在る自己とは何ものなのか、そもそも人間とは何かという関心をもつのは当

然のことです。カントの場合その関心は、『人間学』として実を結びました。

要するに、カントは以上の四つの問題意識にもとづいて、認識論、実践論、美学、人間論を展開し、しかもそれらを相互に関連づけて、一個の哲学体系を確立したのでした。

わたしたちが、この講義で主たる考察の対象とすべきは、『実践理性批判』です。そこでは、人間の行為の善悪を判断する道徳的基準は何かという問題が正面から問われているからです。序章でも述べたように、ある行為に関して善悪の判断をくだすことができるのは、その行為が自由意志に基づいて行われた場合に限定されます。したがって、『実践理性批判』は、自由の問題を核心に置く書ということになります。カントにとって「自由」(Freiheit)とは何なのか、この書はそのことを端的に示してくれるものと予想されます。ただし、カントはただ『実践理性批判』においてのみ、自由を主題化しているわけではありません。自由は、主体的な認識能力にもかかわる問題です。ですから、カントは『純粋理性批判』においても自由の問題にふれます。いま、カントにおける自由の問題を考究しようとしているわたしたちは、『純粋理性批判』を念頭に置きつつ、『実践理性批判』を論じていかなくてはなりません。

2　超越論的自由と実践的自由

くわしいことは失念してしまいましたが、たしか、アジア・太平洋戦争終結の翌年のことでした。気比丸という青函連絡船が、事故で沈没するという事件が起こりました。そのとき、気比丸には、京都大学文学部哲学科で倫理学を専攻しているひとりの学生が乗船していました。そのひとの名は弘津正二。カントの『実践理性批判』について、卒業論文を執筆中でした。船が沈没する直前、何艘もの救命ボートが舷側に降ろされました。乗客たちは先を争って救命ボートに乗りこみましたが、弘津氏は、いっこうにボートに乗ろうとしません。最後の救命ボートが出発する寸前に、沈みつつある船の甲板には弘津氏と会社員の中年男性とが、ふたり残されていました。最後の救命ボートはあとひとりを乗せれば満員になってしまうという状態でした。

ここにひとつの美談が生まれます。甲板に残されたふたりは、最後のひとりの座を争うどころか、互いに譲りあったというのです。会社員の中年男性は、弘津氏にいったそうです。「あなたは将来のある学生なのだからここで死ぬ必要はない」と。ところが、弘津氏はそのことばを聞きいれませんでした。彼はこたえたそうです。「あなたこそ、妻子のために生きてください」と。ふたりの譲りあいはしばしつづいたそうですが、救命ボートの方はいつまでも待っているわけにはいきません。ボートの乗員たちにせかされたふたりはとうとう譲りあいをやめ、会社員の中年男性がボートに乗ることになりました。その際、弘津氏は、油紙に包んだカントの『実践理性批判』を中年男性に託し、「これを京大の天野貞祐先生にお返ししてください」と頼んだそうです。恩師から借用した大切な原書ですが、わざわざ油紙に包んでいたのは、自分が事故に巻きこまれる危険性をあらかじめ察知していたからではないでしょうか。中年男性がボートに乗りこんだあと、ひとり甲板上にとり残された弘津氏は、悠然と煙草をふかしながら、沈みゆく船と運命をともにしていったそうです。

このことは、わが国において哲学が盛んだった時代にカントを学ぶということがどういうことであったのかを暗示しているように、わたしは思います。それは、人生最大の危機に臨んでも、けっして自己を見失うことなく冷静にふるまうすべを体得することであったのではないでしょうか。弘津氏のこのうえもなく冷静な言動は、彼が平生から己れを厳しく律していたことを物語っています。カントが『実践理性批判』の眼目としたのは、そのような意志の自律性をいかにして確立するかを考えることでした。おそらく、カントのいう「実践理性の自由」とは、こうした自律性と深く関わる問題なのでしょう。弘津氏は、カント哲学、なかんずくその倫理学を、みずから体現しつつ、沈みゆく船とともにその短い生涯を終えたのだといえましょう。

弘津氏が体現した意志の自律性は、カント倫理学においては、人間の行為の自由の極致、つまり実践的自由の究極の姿をあらわします。これは、わたしが、学生時代に、ある近代哲学の研究者から聞いた話ですが、カントが頻繁に使う「実践的」(praktisch) という語は、つねに「道徳的」(moralisch) ということを意味していたそうです。そうだとするならば、「実践的自由」についで論ずる際に、カントは、いつも「道徳」ということを念頭に置いていたものと考えられます。要するに、カントのいう「実践的自由」とは、人間の行為の究極的な在りようとしての「道徳的自由」のことでした。

これだけのことなら、カントの自由とは、ストア学派やアウグスティヌスの自由とさして大きな差異のないものだったように見えるかもしれません。ところが、カントはストア学派やアウグスティヌスとはちがって、そうした「道徳的自由」、すなわち人間の行為に関する自由の根底にもっと大きな自由を認めていました。それは、彼が『純粋理性批判』で論じた自由、すなわち「超越論的自由」でした。

「超越論的自由」(die transzendentale Freiheit) は、「先験的自由」と訳されることもあります。どちらの訳が正しいのか、にわかには判断できません。しかし、「先験的」ということが、「経験にさきだつ」ということだけを含意するのに対して、「超越論的」とは、現実の事象をこえてしかもその事象を統御するという意味合いを含んでいるように思われます。自然の事象にさきだつ能力が自然の事象を統制的に決定してゆくという考えかたが『純粋理性批判』にみとめられる点を重視するならば、これはやはり「超越論的自由」と訳すのが妥当であろうと、わたしは思います。「超越論的自由」とは、人間の自由ではありません。カント以前の哲学の歴史のなかでは、自由といえば人間のそれというふうに理解されてきました。ところが、カントは人間のみならず、人間をつつみこんでいる自然界それ自体のうちにも自由があると考えるのです。そして、カントは、その自然界の自由を「超越論的自由」とよんだのでした。

『純粋理性批判』のカント自身のことばによれば、「超越論的自由」とは、「できごとの系列をみずから積極的に開始する能力」、換言すれば「現象の系列を開始する絶対的自発性」のことを意味するそうです。ここでいう「能力」とか「絶対的自発性」とかが、いったい何ものの能力、自発性であるのか、カントの文脈を追うだけではどうもはっきりしません。カントもまた、ストア学派やアウグスティヌスと同様に神の存在を前提として語っているといってしまえばそれまでですが、どうもそうはいいきれないようです。なぜならニュートン物理学などの自然科学が驚異的な発展をとげた近代を生きたカントは、もはや古代人や中世人のように、感情のレベルで神を信じきることができなかったからです。カントの神とは実践理性によってその存在を「要請」される神であり、人間的理性と無関係にそれ自体で厳然と実在する神ではありえませんでした。ならば、カントのいう「能力」とか「絶対的自発性」とは何ものに属するのでしょうか。この問いに答えることは、とてもむずかしいとしかいいようがありません。しかし、あえて、わたしなりの解釈をほどこせば、こういうことになります。

すなわち、それらは何ものにも属さず、「能力」「自発性」そのものとして、宇宙のなかに存在すると考えられます。たとえば、宇宙の起源ということに思いをはせてみましょう。恥ずかしいことですが、「万学の母」と称される哲学にたずさわっていながら、わたしは宇宙物理学の最新の成果を知りません。ですから、かなり時代遅れの知識をお示しすることになるかもしれません。その点はご容赦ください。わたしが若いころに聞きかじった話によりますと、宇宙の起源は「ビッグ・バン」にあるそうです。ビッグ・バンとは大爆発のことで、あるとき、空間も時間も何もない状態のなかで突然大爆発が生じ、そこからさまざまな物質が生まれ、それらが離合集散をくりかえしながら、現在の宇宙が成立したということのようです。そして、その宇宙は無限に膨張しつつあると、わたしは聞いています。どうやら、地球と太陽系の外にある天体との距離を電子望遠鏡で観測してみると、徐々にその距離が広がっているようなのです。このような無限の宇宙の始発点としてのビッグ・バンを起こすような能力、その何ものに属するとも知れぬ能力をさして、どうやら、カントは「できごとの系列をみずから積極的に開始する能力」、あるいは「現象の系列を開始する絶対的自発性」とよんでいるようです。もちろん、カントの時代にビッグ・バンというような発想があったとは考えられません。カントはおそらく、何か別の事態を想定していたのでしょうが、残念ながら『純粋理性批判』を読むだけでは、それが具体的にどういうものだったのかはわかりません。

ただし、わたしは学生時代に、カント学者だった恩師のL・アルムブルスター教授から、つぎのような説明を聞いたことがあります。すなわち、カントのいう「超越論的自由」とは、風に吹かれて旗がハタハタとはためくような状態のことをさすのだ、と。教授がおっしゃりたかったのは、旗をはためかせる風を起こす自然界の能力が「超越論的自由」である、ということだったのでしょう。その説明を聞いてもなお釈然としないものが残ったことは事実ですが、いまのわたしは、アルムブルスター教授の説明が、当たらずといえども遠からずだと考えています。要するに人間をもそのなかにつつみこんだ自然界のなかには、何ごとかを自発的に開始する能力があり、その能力の所属は不明であるものの、それをかりに「超越論的自由」と称しておこうというのが、カントの真意ではなかったか、とわたしは思います。

このように解釈するにあたって重要なことは、「超越論的自由」が、自然界全体のなかで生じる自由であり、しかもその「自然界」のなかには人間的実践の世界も含まれているということです。カントは、このことをふまえていいます。「超越論的自由」に基礎づけられて「実践的自由」が成り立つ、と。カントのこの言明は、自由観・自由論の歴史のなかで画期的な意義をもっています。というのも、「超越論的自由」とは、一切の束縛、限定性から解放されながら、何ごとかを自発的に遂行する能力のことで、それはこれまでのこの講義の概念を用いて説明するならば、「～からの自由」を意味するからです。一方「実践的自由」とは、次節でお話ししますように、一面においては道徳法則を守ること、すなわち「～への自由」を意味しています。カントは、「超越論的自由」が「実践的自由」を基礎づけると述べることによって、「～からの自由」にもとづいて「～への自由」が存在するとしたのです。ここに至って、「～からの自由」を真の自由と見なすべきか、それとも「～への自由」を真の自由と見なすべきかという自由観の相克・葛藤はいちおうの決着を見たことになります。すなわち、二つの自由観は、カントの自由論において、みごとに融合されたのです。これは、カントが哲学史・倫理学史のうえにのこした、はかり知れぬほどに大きな功績であったといってもいいすぎではないと、わたしは思います。

ところが、カントは、せっかくこのような大きな功績をのこしながら、『実践理性批判』においては、「～からの自由」よりもむしろ「～への自由」を重視する方向に傾いていきます。それは、カント流のリゴリズム（厳格主義）が、ほかならぬカント自身をして、全霊を賭して「道徳法則」を遵守する方向へとさしむけたためです。ただし、カントはストア学派やアウグスティヌスたちとは異なり、「～からの自由」を真ならざるものであるがゆえに存在しないと考えたわけではありませんでした。カントは感性界の理性的存在者たる人間は「～からの自由」を捨てることができない、と考えます。たしかにカントはリゴリストでしたが、そのリゴリズムは思いのほかに柔軟な側面をもつものでもありました。このあたりの事情も含めて、つぎの節では、カントにとって「実践的自由」が、どのような構造と内実を有するものであったのかを検討してみましょう。

3　意志と道徳法則との合致

くりかえしになりますが、カントのいう「実践的自由」（die praktische Freiheit）とは、人間が行為を遂行する際の自由のことです。それは、何らかの形で道徳にかかわるものです。カントは、この道徳にかかわる「実践的自由」を二つの種類に分けてとらえます。ひとつは、「意志（Wille）の自由」で、もうひとつは「恣意（Willkür）の自由」です。したがって、カントのいう自由とは、以下のような図式でとらえることができます。

カントにおいて「意志の自由」とは特殊な意味を帯びています。そこで、これについての説明はあとまわしにし、まずはよりわかりやすい「恣意の自由」について説明することにします。「恣意の自由」、すなわちWillkürの自由とは、選択の自由のことです。いっさいの強制力から解き放たれて、何もかもを選ぶことのできる自由です。カントにおいては、「実践的」ということが「道徳的」ということを意味していたことからもうかがい知られるように、道徳法則に対する人間の態度のいかんが中心的な課題として問われます。Willkürの自由に関しても同様で、それが道徳法則とのあいだにどのようなかかわりをもつかが問題となります。カントは、Willkürの自由をめぐっても、それが道徳法則に対していかに在るのかを肝要な問いとして立てます。その結果、彼は、Willkürの自由を、道徳法則にしたがうこともできればそれに反することもできる自由としてとらえます。カントにとって、道徳法則にしたがうことは、善以外の何ものをも意味していません。一方、道徳法則に反することは悪ということになります。したがって、Willkürの自由とは善悪双方に向かう自由と規定されます。これは、まさに「～からの自由」としての超越論的自由によって直接に基礎づけられた自由といえましょう。

Willkürの自由のこうした性格に着目すると、「恣意の自由」という訳語は、かならずしも妥当なものではないように見えるかもしれません。「恣意」とは「ほしいままにする」、ひいては「身勝手にふるまう」という意味を含意していますので、「恣意の自由」というと、いかにも刹那的でやりたい放題の自由というふうにうけとられかねないからです。そこで、多くの研究者は、これに「選択意志の自由」という訳語を当てました。

じつをいうと、わたしの学部の卒業論文は、「カントの自由論―『実践理性批判』における自由概念の展開―」と題されたものでした。つまり、わたしは哲学・倫理学をはじめるとっかかりとしてカントの自由論を選んだという次第です。そのころ、わたしは他の研究者たちにならって、Willkür の自由を「選択意志の自由」と訳しておりました。そんなある日、卒論の指導を受けるべく、アルムブルスター教授のもとを訪れたときのことでした。わたしが、しきりに「選択意志」ということばをくりかえしていたとき、たまたま同席していたひとりの院生がわたしにむかってこういいました。「選択意志って、洗濯石のことかい?」と。その院生はほんのジョークのつもりでそういったのでしょうが、わたしはあまりのばかばかしさに唖然としてしまいました。そして内心、「こいつはかならず滅びる」と思いました。案の定その院生は、研究を継続することができず、いつのまにか大学院を去り、ゆくえ不明者となってしまいました。ざまあ見ろ、と思いました。しかし、いまになって、よくよく考えてみると、「選択意志」という訳語は、いささかカントの真意からずれていたように思われます。

カントは、道徳法則に反する可能性を合意したWillkürを、ネガティヴな意味にとらえていたのです。それを選択意志と訳したのでは、そのネガティヴな意味合いが失われ、価値中立的になってしまいます。いまになって、わたしは、ひょっとするとくだんの大学院生は、そのことがいいたかったのではないかと思い、彼の人生の不運を嘲笑した自分を深く恥じるようになりました。

さて、「恣意の自由」が道徳法則にしたがうこともあればそれに反することもある自由、すなわち善悪双方に向かう自由であったのに対して、「意志（Wille）の自由」とは、「意志の自律性」（Autonomie des Willens）を意味しています。カントによれば、意志の自律性とは、道徳法則に対する自律性のことです。道徳法則を守りぬくことにむけて己れを厳しく律すること、いいかえれば道徳法則への意志の適合性が意志の自律なのです。したがって、「意志の自由」とは、善悪双方へとむかう自由ではなく、ただ善にのみむかう自由ということになります。カントは道徳法則に対して、ほかの何ものにも増して深い尊敬の念を示した哲学者です。ですから、道徳法則に能動的かつ積極的にしたがってゆく（善への）自由としての「意志の自由」は、人間性の最良の姿を示すこころの在りようということになります。要するに、カントにとっては、「意志の自由」こそが最善にして最高の自由であったのであり、「恣意の自由」は道徳法則に背く可能性をはらんでいるという意味において、それよりも劣位にある自由でしかなかったのでした。

道徳法則への適合性としての「意志の自由」とは、別のいいかたをすれば、意志と道徳法則とが完全に合致していることを意味します。カントはこの完全なる合致を命法として提示します。

すなわち、彼は『実践理性批判』のなかで、「定言的命法」というものを示し、すべての人間が例外なく守らなければならない命題とします。定言的命法とはつぎのようなものです。

汝の意志の格率が、つねに同時に普遍的立法の原理として妥当しうるように行為せよ。

定言的命法とは仮言的命法に対して措定されるものです。仮言的命法は、時と場合などの諸事情によって変化するものです。たとえば、明治以前の日本の武士は公式の場ではつねに帯刀しなければならなかったわけですが、その「帯刀せよ」という命法は、明治以後の日本では通用しませんし、また欧米の市民社会でもみとめられることではありません。こうした場合の命法(「帯刀せよ」)を、カントは仮言的命法と名づけました。一方、定言的命法とは、時や場所や位などを問わず、万人がいついかなる情況でもかならず守りぬかなければならない命法のことです。たとえば、「人を殺すな」という命法は、時代を問わず、場所を問わず、情況を問わず、どのような場面でも守られなければなりません。戦争の際には例外とされるようですが、そもそも戦争ということ自体が絶対にあってはならないことです。カントは、「汝の意志の格率が、つねに同時に普遍的立法の原理として妥当しうるように行為せよ」という命題を、そうした定言的命法の根幹をなすものとして打ちたてたのでした。

この命題のなかでいう「汝の意志の格率(Maxime)」とは、わたしたち個人個人の内面的な規範を意味します。それは、こうしたい、ああしたいという願望に根ざすもので、ある意味ではかなり身勝手なものです。「普遍的立法の原理」とは、個人をこえて人類のすべてに当てはまる法則性のことで、具体的には道徳法則をさします。したがって、カントは上述の命題にもとづいて、個人的な規範が普遍的な道徳法則と合致することを求めていることになります。要するに、カントの定言的命法とは、意志と道徳法則との完全なる合致を要請するものであったといえます。ということになると、カントのいう真の自由たる「意志の自由」とは、定言的命法を守りぬくことであったと考えられます。すると、ここに一つの問題が生じます。定言的命法と現実生活のあいだにはぬきさしならない矛盾が生じてしまうことになるのではないか、という問題がそれです。

定言的命法にいう「普遍的立法の原理」が道徳法則にほかならないとすれば、そのなかには、たとえば「絶対に嘘をついてはいけない」という命題が含まれることになります。「絶対に嘘をついてはいけない」という命題は、はたして現実生活のなかでいつもすでに有効に機能するものでしょうか。こういう場合を想定してみましょう。ここにおられるAさんがB君のストーカー行為にあって悩み苦しんでいるとしましょう。B君はいつもAさんを追いかけまわし、Aさんは逃げまどっています。あまりにもしつこいB君のつけまわしに耐えかねたAさんが、人社棟にあるわたしの研究室に逃げてきました。Aさんはわたしに懇願します。「Bが追いかけてくるんです、どうか隠れさせてください」と。それを聞いたわたしは、事態を放置することはできない、と判断します。そこで、わたしは、Ａさんを室内のロッカーに隠れさせます。そこにＢ君がやってきます。ドタッとドアを開けて、教師であるわたしにむかって、あろうことか「オッサン」とよびかけます。「オッサン、彼女どこ?」と訊くわけですね。さて、そのときわたしはどうするか。わたしは、カンティアンだと仮定しましょう。カントの哲学・倫理学にしたがって日常生活をおくっているという次第です。そんなわたしは、定言的命法に忠実でなければなりません。定言的命法のなかには「絶対に嘘をついてはいけない」という命題が含まれています。ならば、わたしは嘘をつくわけにはいかず、正直に「彼女はロッカーのなかにいるよ」といわなければならないのでしょうか。だとすれば、Ａさんにとってこれほどにむごい仕打ちはないでしょう。Ａさんは、Ｂ君に捕まり、悪くすれば殺されるかもしれません。このような場合、わたしは定言的命法を破って嘘をつくべきなのではないでしょうか。「彼女はここにはいないよ」と。ところが、カントはいうのです。たとえ友人や親族に危害が加えられるような場面でも、ひとは絶対に定言的命法を守らなければならない、と。

ここに、カント倫理学の非人間性が顔をのぞかせていることは、だれしも否定できないでしょう。カントはそのことに気づかなかったわけではありません。彼はたしかにリゴリストですが、現実生活の機微を理解しないようなガチガチに頭のかたい人物ではありません。むしろ、カントは人間の弱さや無力さに十分注意をはらっていた哲学者だとさえいえるでしょう。そのカントが、こんなにも強烈に定言的命法の遵守をうったえるには、ある理由があります。それは、彼が常に「理想」への接近ということをめざしていたということです。

カントはつねに定言的命法を守りぬいて在るという人間の在りかたが、現実性にそぐわないことを重々承知していました。それにもかかわらず、彼がそれを徹底的に遵守すべきことを説いたのは、たかだかと「理想」をかかげ、そこへとむかって人間を一歩でも近づけることによって、たとえごくわずかばかりでも人間性を改善するためでした。このことは、カントのいう自由の課題的性格を知ることによって、あきらかになると思われます。

4　自由の課題的生格

さきほども述べたように、カントは意志と道徳法則との完全なる合致をもって真の自由と見なしていました。その自由がたちどころに実現できるものであるならば、何の問題も生じません。人間社会は純粋に道徳的なものとして、何の瑕疵もなく存立しつづけることでしょう。そのような社会は、まさに楽園（パラダイス）ですね。わたしたちは、だれしも、パラダイスに住みたいと願います。ところが、カントの現実的な視線は、パラダイスの実現がけっして容易なものではないことを鋭く見ぬいていました。彼はいいます。人間にはたしかに、意志と道徳法則との完全なる合致を求める意志の自由がある、しかし、他方には道徳法則に反することも可能な恣意の自由があるから、人間はいつもすでに意志の自由を実現していることはできない、と。

カントもアウグスティヌス以来の伝統にしたがって、人間を理性的存在者と見なします。しかし、カントによれば、人間は「感性界」の理性的存在者にすぎません。感性界とは、感情や情念、あるいは欲望などがうずまく世界です。そのなかに在る人間はたしかに理性的ではあるけれども、しかし、常時理性的にのみ生きることはできない、というのが、カントの判断です。そのような感性界の住人としての人間にとって、意志の自由、すなわち意志と道徳法則との完全なる合致という事態は、いつも課題的な性格を帯びることになります。いうまでもなく、課題とは、いま、ここにおいて実現されていないものです。カントは、意志の自由の実現に終始疑問をいだきつづけていた、と見てもよいでしょう。

カントは『実践理性批判』のなかで、はっきりとこういっています。意志と道徳法則との完全なる合致は、「感性界の理性的存在者である人間にとって、その現存のいかなる時点においても実現できないもの」である、と。カントは、わたしたち人間は、感性界に生きているかぎり、かならず恣意の自由によって裏切られ、どれほど努力しようとも意志の自由を実現することができない、と考えていたのです。ただし、このことは、カントが完全に絶望していたことを意味しているわけではありません。彼は、意志の自由の実現が不可能であると述べた直後に、それは「(意志と道徳法則との）完全な適合へと無限に進んでゆく進行において」見いだすことができるかもしれない、と語っています。

要するに、カントにとって意志の自由とは、それを求め続ける無限の努力のなかで、ひょっとすると実現可能になるかもしれない課題、すなわち「理想」だったのです。しかし、「完全な適合へと無限に進んでゆく進行」を可能にするためには、人間の魂が不死でなければなりません。しかも、人間の魂が不死であるためには、人知をはるかに超えた超越的な（不死を保障する）神が存在していなくてはならないことになります。かくて、カントは実践理性の「要請」（Postulat）として、魂の不死と、神の存在を求めることになります。

「要請」とは、あくまでもそう在ってほしいと希求することでしかありません。要請されたものが、かならず実現し存在するようになるとはいえないのです。アウグスティヌスとちがって、カントは神の実在をア・プリオリ（先天的）に確信していたわけではありませんでした。カントにとって神の実在は、理性的に導かれるもの、いわば理性的信仰の対象であり、理性を離れてはありえないことがらだったのです。そのカントにとって、意志の自由、すなわち真の自由とは、その実現にむけて人類が永遠に不断の努力を続けなくてはならない「理想」だったといわなくてはならないでしょう。

「理想」ということばを聞くと、わたしたち現代の日本人は、ついつい現実性を欠落させたよまいごととととらえてしまいます。「それは理想だ」と語るとき、わたしたちは、ともすればそこにマイナスの評価を含めがちです。たとえば、この国にはかつて「非武装中立」を党是とした革新政党がありました。これと対立する保守政党は、この革新政党を批判するとき、「非武装中立など非現実的な理想論にすぎない」と主張しました。しかし、理想のどこがいけないのでしょうか。理想が現実に存在しないことは、あまりにも当然のことです。もし理想が実現されていれば、それは現実であってもはや理想ではないはずです。現実化されていないがゆえに理想には意味がないという論法は、完全に論理矛盾です。理想というものは、できるだけたかだかとかかげるべきものであり、その意義は、わたしたちがそこへとむかって無限の努力をはらうことにあるのではないでしょうか。カントはそういう観点から、意志と道徳法則との完全なる合致をめざすということ、いいかえれば定言的命法への接近を、人類に対して課題として求めたのだ、とわたしは思います。理想へむかっての前進は、たとえそれがごくごく小さな一歩であっても、現実の人間性を多少なりとも改善させるものとして、深い意義をもちます。カントはそのことをしっかりと認識していた稀有な思想家でした。だからこそ、彼は定言的命法の例外なき遵守を求めたのです。「絶対に嘘をついてはいけない」という命題が定言的命法となりうるならば、いついかなる場合にも、どのよう情況であろうとも、嘘をついてはならないという彼の主張は、課題としての理想に人類を一歩でも近づけるための「方便」であったといえましょう。

　ここでわたしが使った「方便」ということばは、仮の手段という意味ではありません。理想を現実のなかに投影する道筋という意味です。くりかえし強調しますと、理想は現実には存在しません。それは日常生活のただなかには影も形もないでしょう。影も形もないものに迫ってゆくことは、たとえばわたしのような凡庸な人間にはとうてい不可能です。それゆえ「方便」が必要となります。現実のなかに理想の姿を移しいれることが大切になってくるのです。カントの「方便」は、たしかに、通常の人間にはうけいれがたいものでしょう。けれども、その「方便」にしたがって、己れの道を切り開いてゆく以外に人類の進歩はない。わたしはそう考えます。そして、それは、カント自身の思想でもあったと、わたしは信じます。

　ただし、このようにカント哲学、とりわけその核心をなす自由論を検討してみる過程で、この哲学の「理想論」としての意義が明確になったとしても、このことは、カントの体系が完全無欠であったことを意味しているわけではありません。意志の自由、すなわち意志と道徳法則との完全なる合致とは、定言的命法を守りぬくことを意味していました。しかし、一口に定言的命法とはいっても、その中身が定かではないという問題点があります。のちに述べるように、これはかならずしもカント哲学の欠陥ではないのですが、そこにカントの問題点を見いだした思想家は少なくなかったようです。彼らは、定言的命法のなかの「普遍的立法の原理」が無内容なのではないか、という疑念をいだきました。その疑念を深め、きわめて厳しいカント批判を展開した思想家として、わたしは二十世紀初頭に活躍したマックス・シェーラーの名をあげたいと思います。シェーラーのカント批判とはどのようなものだったのか。カントの自由論についての考察のとじめとして、この問題をとりあげてみましょう。

5　シェーラーのカント批判

シェーラーは、一九一三年から一九一六年にかけて、『倫理学における形式主義と実質的価値倫理学』という書物を刊行しました。そのなかで、彼は、カント倫理学を「形式主義」として批判しています。シェーラーの見立てでは、カント哲学の核心は、定言的命法にあります。そのなかの「普遍的立法の原理」とは道徳法則をさすということを、シェーラーは的確に見ぬいていました。ところが、シェーラーによれば、カントのいう道徳法則はきわめて形式的なもので実質的な内容をもたないというのです。シェーラーは主張します。定言的命法を強調することによって、カントは意志と道徳法則との合致を説いているわけだが、その道徳法則の中身がわからない、そうであるかぎり、カント倫理学は、無内容な形式主義にすぎない、と。

ただし、シェーラーは、意志と道徳法則とを合致させようというカントの試みをむなしいものとしてしりぞけたわけではありません。彼は、その「合致」を自身の倫理学の課題とすらしています。しかし、「合致」を求める際に、道徳法則の中身をあきらかにしなければならない、というのです。彼は、カントの形式主義に対して、自身の倫理学を実質的なものたらしめようとくわだてます。彼が、カントのいう道徳法則にかえて、価値としての倫理原則を具体化するのはこのためです。

『倫理学における形式主義と実質的価値倫理学』において、シェーラーは、以下の四つの価値を列挙しています。①快価値、②生命価値、③精神的価値、④聖価値（宗教的価値）。

シェーラーによれば、現実の人間社会は、この四つの価値から成っており、しかもそれぞれの価値には序列があるといいます。すなわち、②は①よりも高く、③は②よりも高い。そして、③よりも高い④が最高の価値となる、と。このように四つの価値をかかげることによって、カント倫理学の欠陥とおぼしい形式主義は完全に乗りこえられるというのが、シェーラーの認識でした。ここで、①〜④について、それぞれが「価値」という名にあたいするかどうかを検討してみましょう。

①快価値は、この講義でもかつて論じたエピクロス学派が、善と見なし、かつは幸福としたものと同義であろうと推察されます。エピクロス学派が、善＝幸福と見たものは、快楽でした。人間にとって、ここちよいものが快楽であり、それが価値であることは疑いようがないとわたしは思います。疥癬をかきむしることによって生ずる一時的な快感や酒池肉林の放蕩者の快楽ではな

く、こころの平静（アタラクシア）にやすらうような快楽であれば、それは当然人間的価値として深い意義をになうと思われます。その意味でシェーラーは、けっしてまちがってはいないようです。

②生命価値は、人間の生命性を高める種々の営みのことで、これが人間にとって大きな意義をになうことは否定できません。生命性を高めるには、滋養のある食事をとり、適度な運動をすることなどが肝要です。こうした食事や運動は、人間にとって十分に価値という名にあたいするものです。これに関してもシェーラーはまちがっていません。

③精神的価値とは、読書や音楽の鑑賞等々によって、自己の精神に深みをもたらすことをさすのでしょう。それが人間的価値として深い意義をもつことは、おそらくだれしも否定しないと思います。シェーラーは、やはり正しいといえます。

④聖価値（宗教的価値）については、議論がわかれるかもしれません。この講義を聞いておられるみなさんのほとんどは無宗教者ですよね。困ったときの神頼みで、大学受験や就職試験の合格を祈願しても、日ごろから神や仏に篤い祈りを捧げている人はほとんどおられないと思います。しかし、それにもかかわらず、宗教が人間的価値をもつことは否定できないのではないでしょうか。なぜなら、わたしたちが生きてゆくためには道徳・倫理というものが必要であり、それを下支えするのが宗教だからです。宗教に裏づけられない道徳・倫理は、人間の内面を刺し貫

くことができず、たんなる表層的な慣習と化してしまいます。その意味で、宗教的価値に大きな意味を見いだすシェーラーの態度は、けっして単純に否定されるべきではないと思われます。

こうして見てくると、たしかにシェーラーの「実質的価値倫理学」には、カントの形式主義を乗りこえる側面があるようです。彼にしたがって価値観を構築してゆけば、わたしたちには、日常をいかに生きればよいのかということがよくわかってきます。ですが、わたしの見るところでは、シェーラーの「実質的価値倫理学」には、ふたつの点で大きな問題があります。

まず第一に、価値が①〜④の四つに限定されるとは考えられないという点です。たとえば、①に関して言えば、快楽は感性によってとらえられるものですが、人間のなかには、感性的に生きること自体が苦しいというひともいます。感性はゆれます。そのゆれに引きずられると、正気を欠いてしまう。だから、理性の力によってできるだけ感性のゆれをおさえ、快楽を感じないようにしたい、と思うひともこの世界のなかにはたくさんいます。その場合、反快楽ないしは非快楽ということが価値となるでしょう。さらに②に関していえば、ソクラテスのように、肉体のなかに魂がとじこめられているかぎり真の知に達することはできず、肉体から離れて非生命体になることによって本当の知を得ることができる、と考えるひともいます。そのようなひとにとって、この世で健康であることは何の意味ももちません。彼らにとっては、反生命性ないしは非生命性こそが価値だということになるでしょう。議論が煩瑣になるので、③④については説明を省略しますが、俗な意味での快楽主義者にとっての反（非）精神的価値、いわゆる無宗教者にとっての反（非）聖価値というものもありうることを指摘しておきたいと思います。

第二の問題点は、シェーラーは、①、②、③、④の順で次第に価値が高くなると主張しますが、その基準がはっきりしない点です。シェーラー自身にいわせれば、それはおそらく現象学的な本質直観によって自明なことがらなのでしょう。しかし、自明だといわれても、わたしたちは簡単に納得することができないのではないでしょうか。たとえば②生命価値が③精神的価値よりも低位に位置する理由がよくわかりません。わたしたちが精神的価値を感じることができるのは、生命あればこその話ではないでしょうか。生命なくしては、どのような価値もむなしくなる。そう考えると、②を最上位にもってくることも十分可能なはずです。あるいは、第一の問題点を指摘する際にもすこしだけふれたように、無宗教者にとっては、④聖価値は最高の価値にはなりえません。それは快楽や生命性、さらには精神性などを下支えするにすぎないものとして底辺に位置するという見方も、無宗教の立場から見れば十分に可能でしょう。

シェーラーの「実質的価値倫理学」に、以上のような二点にわたる大きな問題が生じるのは、ひとえに、彼が価値を限定してしまうためです。価値を限定すれば、それにしたがうことのできないひとびとがかならずあらわれます。そうなると、シェーラーの「実質的価値倫理学」は、たちどころに普遍性を失ってしまいます。シェーラーの倫理学は、たしかに実質的ですが、あまりにも個別的なものに傾きすぎているのです。一般に倫理命題というものは、それを限定すればするほどに普遍性から遠ざかってしまいます。「一流企業に入社し、良き伴侶と子どもに恵まれながら、出世していくことが価値だ」と主張すれば、かならず、「いや、わたしはそうは思わない。たとえ職が無く、妻子がなくて出世できなくても、自分の夢を実現することこそが価値だ」と反論する人間があらわれるものです。カントはこのことをよく理解していたのではないでしょうか。すなわち、価値命題を限定すればするほどに、倫理学は普遍性から遠ざかってしまう。このことを熟知し、自己の価値命題とそれに根ざした倫理学を可能なかぎり普遍化するために、カントはあえて「形式主義」の道を選んだのだ、とわたしは思います。その意味でシェーラーのカント批判はおよそ見当ちがいでした。カントは自己の倫理学の核心をなす定言的命法を、みずから意図して形式的なものにとどめたのだ、とわたしは解釈します。いいかえれば、カント倫理学の形式主義は、ほかならぬカント自身が、自己の倫理学をどこまでも普遍化するためにあえて選びとったものではなかったかと思われます。

この講義では、以上をもって自由観・自由論に関する思想史的検討を終えたいと思います。西洋の自由観・自由論の掉尾を飾るカントの自由論が意志と道徳法則との完全なる合致を真の自由とする認識を示したということ、すなわち彼が「道徳法則への自由」を強調したということは、つまるところ、「〜からの自由」か「〜への自由」かという問題が「〜への自由」に軍配をあげる形で決着を見たことを意味するといってもよいかもしれません。ただし、フロムやサルトルを論じる際にあきらかになったように、「〜からの自由」に真の自由を求める志向性も西洋の思想史には脈々とうけつがれています。自由。それは、今後ともさらに多くの思想家たちによって論じつづけられることでしょう。その際「〜からの自由」か「〜への自由」かという論争の枠組みがどこまで維持されるのか、目下のわたしには見当がつきません。この論争が、最終的な（カントの解決をこえた）結論を見る日がくるのかどうかさえわかりません。いまはただ、問題の所在をあきらかにし、それに即して哲学史・倫理学史をごく大雑把ながらふりかえることができたことをもって満足したいと思います。しかし、わたしには、まだ残された問題がひとつあります。それは、この講義をしているわたしや、聴講していらっしゃるみなさんにとって、もっとも近しい問題、すなわち「日本人にとって自由とは」という問題です。結章ではこの問題に関して、いま現在わたしが考えているところを述べてみたいと思います。

結　章　日本人と自由

1　与えられた自由

自由とは、本来、人間の人間性を成り立たせる基本的な能力です。にもかかわらず、人類の長い歴史のなかで、それが社会的次元で保障されることはまれでした。古代ギリシアの都市国家や共和制ローマなどにおいて、市民権をもつひとびとは自由を謳歌していましたが、それは奴隷となったひとびとの犠牲にもとづいてのことでした。社会を構成するすべての民衆に自由がみとめられるようになったのは、近代も後半になってからのことです。自由の歴史とは、それが鼓吹され宣揚された歴史であるというよりも、むしろ圧迫され社会の片隅に追いやられた歴史であったといっても過言ではないでしょう。長いあいだ人類の歴史のなかで支配的だった王政、帝政、君主制は、民衆の自由を抑圧しつづけてきたのです。自由が人間性を成り立たせる基本的な能力であるということは、根本においてそれが人間の基本的人権と密接に結びついていることを意味します。したがって、社会的に人権が保障されていないところでは、自由はなおざりにされていることになります。

人権とは、自由を基礎としつつ、そこに社会的平等が加味された概念です。ひとつの社会内で人権が確立され、それが万人にまでゆきわたるにはじつに長い年月が必要とされました。欧米の民衆は、寡占的な支配体制と対決し、場合によっては流血さえもともなう激しい抵抗運動をとおして人権を獲得しました。アメリカの独立戦争やフランス革命は、その具体的な実例であるといえます。アメリカの民衆は、イギリスの寡占的支配を戦争で打破することによって人権を獲得しました。フランスの民衆は、王政を革命で打倒することによって人権を得たのです。アメリカ独立宣言やフランス人権宣言のなかで、たかだかと人間の自由と平等とがかかげられたことはよく知られています。欧米では、自由や平等は、多くの人命が失われるという峻酷な体験を経て手にいれられたものだといえましょう。それゆえ、欧米の市民たちは、自由と平等に対してきわめて敏感な反応を示します。自由と平等がそこなわれれば、彼らはそれらを害した者に対して断固として抵抗しようとします。血を流し、生命を失って獲得したものは、何ものにもまして貴重だからです。欧米の思想家たちが、「自由論」と題する書物を数多く出版するのも、当然のことでしょう。彼らにとって、人権、すなわち自由と平等とは、何よりもまず第一に主題化すべき論題なのです。

　このように、欧米においては、流血さえも辞さない態度のもとに自由が確立されました。ところが、明治初期以降近代国家への道を歩みはじめたわが国の場合、事情が異なります。明治期には、自由と平等を求める自由民権運動が板垣退助らによって推進されましたし、また多くの思想家たちが自由に関する著作を公表しました。J・S・ミルの『自由論』はこうした潮流のなかで多くの知識人たちに読まれたようです。しかし、この思想潮流は、一般民衆の人権を保障するまでには至りませんでした。伊藤博文らによって起草された大日本国帝国憲法は、たしかに人権を部分的に保障してはいます。けれども、それは、主権者として絶対化された天皇の権限のもとでの自由と平等にすぎず、いわば「臣民」に対して与えられた人権でした。昭和初期の「治安維持法」が端的に示しているように、「臣民」たることを拒否する人間の人権は、蹂躙され粉々に粉砕されたのです。こうした情況は、アジア・太平洋戦争における大日本帝国の無惨な敗北を機として改善されたように見うけられます。一九四六年十一月三日に公布された日本国憲法は、国民主権をうたい、それまで絶対君主として君臨していた天皇を単なる「象徴」として無力化するものでした。この新憲法の第十一条では人権が、第十二条では自由が説かれ、日本国民は史上はじめて自由を謳歌する権利を手にいれたといえましょう。

　しかし、新憲法の制定以後も、一般民衆のあいだに自由について真剣に考えようという気運が盛り上がることはありませんでした。平等が深刻に求められるという事態も生じませんでした。

たしかに戦前にくらべれば、ひとびとの権利意識がたかまったことは事実です。ですが、自由と平等をあくまでも追求しつづけようという姿勢は、ついに国民全体の思想潮流とはなりえなかったように思われます。多くの国民は、ひとつの保守政党が永続的に政権を担当しつづけることを願いました。その保守政党のもとでは、アメリカの核の傘下での経済発展が保障されていたからです。思想よりも経済を優先する発想が国民をむしばみ、自由と平等についての議論など机上の空論でしかない（自由や平等では飯は食えない）という考えかたが多くの国民のあいだに蔓延したといってもよいでしょう。しかし、なぜこのようなことになったのでしょうか。わたしにはそこにはひとつの明確な理由があるように思われます。すなわち、日本国民には、自分の力で、場合によっては流血をも辞さない決意のもとで、自由と平等とを獲得しようと企図した体験がないからではないでしょうか。

大日本帝国憲法はもとより、日本国憲法も、国民が我が身を削る峻酷な努力をして獲得したものではありません。日本国憲法は、占領軍ＧＨＱの指導下に一部の為政者が起草したものです。もちろん欽定憲法ではありませんが、国民の下からの突き上げがもたらしたものでもないのです。日本国憲法はそこに含まれた人権の概念とともに、上から与えられたものだといっても誤りではない、とわたしは思います。ただし、このことは、日本国憲法の内容そのものに問題があることを意味しているわけではありません。日本国憲法はすばらしい憲法です。とくにその第九条は、国際紛争を解決する手段としては武力を用いないことを永遠の未来にむかって誓った条項であり、これがあればこそ、わが国は戦後六十八年の長きにわたって戦争をまぬかれてきたのです。六十八年ものあいだ、日本の軍隊（自衛隊）は、海外でひとりの外国人も殺しませんでした。これは、世界に誇るべきことがらであり、こうした条項を含む憲法をないがしろにすることは、絶対に許されない、とわたしは思います。国民の自由と平等とをたからかにうたいあげる現行憲法の内容には、あえて変更しなければならない問題点など何もないのではないでしょうか。しかし、この憲法がまるで空気のように感じられ、自由と平等の原則が確認されない情況が現出していることについては、わたしは危惧をおぼえざるをえません。自由と平等とは、国民のあいだでつねに強く意識されつづけなければなりませんし、それらを圧殺しようとする政治権力に対しては、断固として「否」を突きつける構えが必要でしょう。そのよう構えができたときに、現行憲法は生き生きとわたしたちの精神のうちに息づくのです。

しかし、残念ながら、自由に関していえば、与えられたものという側面がマイナスの方向に作用しているように思えてなりません。昨今の日本人は、自分が自由であることを当たり前のことのように感じ、それを無限の努力をはらって守りぬこうという気概に欠けているのではないでしょうか。このことを端的に示すのが、「児童の人権に関する条約」の国会での批准がおそよ十年も遅れた事実でしょう。幼児は親が厳しくしつけなければなりません。幼児たちに関していえば、彼らを平等に扱うことは正当でしょうが、彼らに全面的な自由をみとめることは危険です。人の所有物を盗んではいけない、人を殺してはいけない、といったきまりごとを彼らにしっかりと教えこむためには、場合によっては大人が彼らの自由を制限することもやむをえないでしょう。けれども、ものごころがつき、ちゃんとした道徳的判断ができるようになった児童については、平等とともに自由をみとめるべきでしょう。それをみとめることに多くの国会議員たちが二の足を踏んだという事実は、この国で自由ということが真剣に考えられてこなかったことを意味しているといっても過言ではないでしょう。

子どもは大人の玩具ではありません。道徳的判断ができる段階に達した子どもたちには、社会的な言動に関する自由が保障されるべきです。このことを深く顧慮するならば、小学校や中学校、あるいは高等学校の式典で、国旗日の丸の掲揚と国歌君が代の斉唱とが義務づけられるという事態は、異様なものだとしかいいようがありません。アジア・太平洋戦争（十五年戦争）の経緯を学んだ子どもたちは、かつて日の丸の旗が翩翻とひるがえり、君が代がうたわれるなかで、何が行われたのかをよく知っているはずです。たとえば、一九三七年の南京城街内です。そこでは、帝国陸軍によって少なくみつもっても数万人（中国側の発表によれば三十万人）の中国人が虐殺されました。こうした歴史的事実を知る子どもたちに、式典で日の丸を掲揚し、君が代を斉唱することに対する嫌悪感が芽生えたとしても、それは、いっこうに奇妙なことでも奇怪なことでもないでしょう。子どもたちには、日の丸に最敬礼し、君が代をうたう自由があります。それと同時に、彼らには日の丸への最敬礼を拒み、君が代の斉唱を拒否する自由があるはずです。このような自由をみとめない、現代の初等・中等教育の在りかたは、大きな問題をはらんでいるとわたしは思うのですが、みなさんはいかがでしょうか。みなさんは、これまで何の抵抗もなく日の丸に最敬礼し、君が代をうたってこられたかもしれません。それが、みなさんの自由意志にもとづいて行われたことであるなら、わたしはいっさい文句をいうつもりはありません。しかし、「ほかのみんながそうしているから」という理由でみなさんがそれをやってこられたのだとすれば、わたしは、「おかしい」といわざるをえません。

そもそもこの国の精神風土は、他人の言動にあわせて自分の言動をつくり上げてゆくことにこだわる国民を育ててきたように見えます。自分がそうしたいからでなく、ほかのひとびとがそうしているから自分も、という形で何かを語り行うことが、日本人にはあまりに多すぎるのではないでしょうか。自己の思いを押し殺して他人の思惑にそうという態度。そういう態度がこの国には蔓延しているように思えます。そのような態度で生きることは、じつは、みずからの自由をおしつぶしていることを意味するのです。与えられた自由の軽さが、はからずも露呈してしまった事態だといえるでしょう。では、他人の言動に自己のそれをあわせていく態度を無難なものとして肯定する精神風土は、いったいどこから生じてきたのでしょうか。その根源を問わないかぎり、わたしたちは「日本人にとって自由とは」という問題に対して有効な回答をもたらすことができないでしょう。しかし、その前に、欧米人がわが国のそうした精神風土をどう見ているかについて、一考しておきましょう。それを考えることは、わたしたち自身を相対化しつつ、ある程度まで客観視することにつながるからです。

2 「罪の文化」と「恥の文化」

かつてアメリカに、ルース・ベネディクトという女性の人類学者がいました。彼女はアジア・太平洋戦争のさなか、アメリカの情報局の要請で、日本人の文化的特徴を研究しました。その成果が一九四六年に公刊された『菊と刀』です。そのなかでベネディクトは興味深い指摘をしています。欧米の文化が「罪の文化」として特徴づけられるのに対して、日本の文化は「恥の文化」と規定することができる、というのです。「罪の文化」とは、一神教、とくにキリスト教を基盤とする文化です。ベネディクトによれば、その文化のなかで暮す欧米人たちは、自分が罪をおかした場合、たとえそれをだれも見ていなかったとしても、己れの内面で自責の念をいだくのだそうです。ほかの人間の目よりも神のまなざしを気にかけるからです。ところが、日本人は、罪をおかした場合、それをだれかほかの人間が見ていれば、強い恥の意識にとらわれて、場合によっては自死さえも選びかねない、のだそうです。さらに、ベネディクトはいいます。日本人は、ほかの人間が見ていなければ、どのような罪をおかそうとも平然としている、と。ベネディクトは暗にキリスト教文化圏と非キリスト教文化圏の差異を示そうとしているのでしょう。その際、彼女はキリスト教文化圏に生きる欧米人がしたがう「罪」という規範を内面的なものと見なし、非キリスト教文化圏に生きる日本人がしたがう「恥」という規範を外面的なものととらえます。つまり、欧米人は内面的規範のもとに生き、日本人は外面的規範のもとに生きる、というわけです。

わたしは人類学者でもなければ、社会学者でもありません。ですから、実際に統計をとったわけではありませんので、正確なことは申し上げられませんが、どうも、日本社会よりも欧米社会の方が、凶悪な犯罪が起こる確率が高いように見えます。学校などの公共の場で銃を乱射するというような犯罪は、欧米（とくにアメリカ）で頻発しますが、そのような事件は日本ではほとんど起こらないといってもよいでしょう。つねに「罪」の意識に目覚めているはずの欧米人が、「罪」の意識をもたない日本人よりも、はるかに残虐なのはなぜでしょうか。ベネディクトの論理ではこの点が説明できないように思うのですが、いかがでしょう。

また、ベネディクトは、「恥」を外面的な行為規範とのみ解釈しますが、はたしてこの解釈は正しいのか、わたしには疑問です。「武士道」というようなものは、キリスト教の影響を強くうけた明治期の思想家たち（たとえば新渡戸稲造）によってつくり上げられたもので、ほとんど実態をともなうものではありません。戦場での勝利のためには手段を選ばなかったのが日本の武士（侍）たちであることは、平家物語や戦国時代の軍記物などが如実に伝えるところです。しかし、日本の武士たちのなかに、「名」を惜しむがゆえに、「恥」を規範として生きる者が大数いたことも否定できない事実です。彼らにとって、「恥」とはたんなる外面の規範にすぎなかったのでしょうか。わたしにはそうは思えません。彼らは己れ自身を顧みて、そこにみずから「恥」とせざるをえない点があれば、自省の念を深くすることがままあったように見うけられます。「恥」は内面的行為規範でもありえたのであり、この点から見ても、ベネディクトの指摘はいささかまとはずれだといわざるをえません。

とはいうものの、日本人が萬葉の時代から、「人目（ひとめ）」「人言（ひとごと）」などを異様なまでに気にかける民族であったこともたしかです。いつも他人の目や他人の評判を気遣い、他人の目から見て卑劣に映る言動や、他人から批判されるような言動をできるだけ避けるべく努力をはらってきたのが日本人だといっても、けっしてまちがってはいないと思います。その意味では、たしかに日本人は、ベネディクトがいうように「恥の文化」に生きてきた民族なのです。古来日本人は村落共同体や一族郎党のなかで、集団性のもとに自己の個性を埋没させながら生きてきました。つまり、村や町内、会社や学級、サークル、等々の集団の意向にあわせて自己の言動をつくり上げてゆくのが日本人の特徴だといってもいいでしょう。こうした特徴をもつ日本人が、ともすれば「自由」の意識を欠きがちなのはやむをえないことなのかもしれません。日本の精神風土が、あまり自由を重んじない姿勢を生み出したのではないかというわたしの見立ては、おそらく誤ってはいないのではないかと思います。ベネディクトは、自由の問題には言及していませんが、もし彼女が自由を主題化しなくてはならない哲学者・倫理学者であったなら、たぶんわたしと同じ見立てをしたのではないでしょうか。

しかし、それにしても不思議です。しばしば、日本人は単一民族だといわれます。これはあきらかに嘘です。言語体系が九つにも分かれる民族が、単一民族であったはずはありません。日本人は混血民族なのです。その混血の過程には、おそらく民族間対立もあったはずです。民族間対立を乗りこえるには、ことばをとおした議論が必要だったでしょうから、同族間の以心伝心的な発想が、日本人を集団に服従する民族にしたという見立ては、おそらく見当はずれだといっていいでしょう。ならば、なぜ日本人は集団依存的な心性におおわれた民族になってしまったのか。「日本人と自由」というテーマは、つまるところ、この不思議な問題を問うことに帰着するように思われます。ただし、いまはこの問題について結論を求めることは避けます。それよりもむしろ、「日本人と自由」をめぐって今後の展望を述べることのほうが重要だからです。

3 「和」の精神と自由

日本書紀によれば、厩戸皇子（聖徳太子）は、推古天皇十二（六〇四）年四月三日に「憲法十七條」を制定しました。ここでいう「憲法」とは「いつくしきのり」とよまれるもので、現行の憲法のような国家の基本法ではありません。それは、官吏の服務規律のようなものでした。考えてみれば当然です。推古天皇の時代のわが国は国民国家ではありませんでした。豪族たちの連合体の上に天皇家が君臨するという形の王政国家です。王政のもとでの官僚組織は、王家の家政機関としての性格を濃厚に帯びています。その家政機関的な集団にむけて発せられた「法」（のり）が、国家の基本法でありうるはずがありません。厩戸皇子は、いわば、天皇家の家臣たちが日常の業務をはたすうえで規範とすべき態度を「憲法十七條」という形で示した、という次第です。

この服務規律の冒頭第一條には、つぎのような一節がありました。「和を以て貴しと為す」。「和」とは、礼記などの儒書に散見される概念ですが、専門家の研究によれば仏教の「和合」の精神なども含意しているようです。「和」がどのようによまれていたのか、厳密なところはわたしにはわかりません。ただし、平安朝以後の宮中の日本書紀講書会などでは「やはらぎ」とよまれていたようです。「やはらぎ」とは、おだやかでなごやかな雰囲気を示す語です。昨今の専門的な日本書紀研究では、「憲法十七條」は、編纂時に加上されたもので、厩戸皇子自身の手に成るものではないという説が有力です。したがって、推古天皇十二年、西暦六〇四年の時点で、すでに「和を以て貴しと為す」という記述があったと考えるのは危険です。しかし、平安朝の貴族たちが、「聖徳太子」として聖化された厩戸皇子の遺訓としてこの記述をとらえ、それを日常生活の規範としていたことだけは確実です。すでに、平安朝において、日本人は、おだやかでなごやかな雰囲気のもとに相互の人間関係を構築することに意をもちいていたといえます。

おだやかでなごやかな雰囲気は、集団の結束を保つために欠かせない情緒でした。たとえば、農村では、「結い」という共同作業によって生産力を高めるために、全体（すくなくとも隣り組）の「和」が必要でしたし、武士団では戦場での勝利をめざして一族郎党の「和」が求められていました。「和」の文化がいつごろ開花したのか、くわしいことはわかりませんが、すくなくとも平安朝以降の日本人は、一貫して「和」の精神を追い求めていたといっても過言ではないでしょう。たしかに「和」は重要です。それは、為政者相互の政治的葛藤を緩和する原理となりますし、また、商取引の円滑化や村落共同体の絆を深める原理ともなります。しかも、「和」は、明治期以前にのみ通用した古典的原理ではありません。それは明治期以後の日本の近代化を推進する駆動力となりました。アジア・太平洋戦争の敗北後には、復興と高度経済成長の原動力として機能しました。高度経済成長と「和」の原理とは、一見するとあいいれないように見えます。高度経済成長は、厳しい競争をともなうもので、そこには弱肉強食の法則が貫かれていたように思われるからです。ところが、実際にはそうではありませんでした。高度経済成長は、終身雇用制のもとで可能になったのです。終身雇用制は、「和」の原理を具現するものでした。

高度経済成長期の日本人には、いったん企業に就職すると、停年までそこで働き給与を得ることが保障されていました。同種の企業間には厳しい競争が起こりますが、同一企業内では、昇進の遅い早いの問題などはあったものの、生活が困難になるほどに給与が削減されるというような事態は起こりえませんでした。企業内の組織、つまり部や課や係は、「和」の精神のもとに団結して仕事をし、その団結力によって業績を上げていきました。もちろん、手早く多くの仕事ができる者もいれば、そうではない者もいます。しかし、前者が後者を、給与の面で圧倒するということはありませんでした。業績の上昇は、個人よりもむしろ組織の能力によるものとされ、個人のスタンドプレーは、組織に解消される傾向にありました。高度経済成長は、そのようなシステムのもとでこそ可能になったのです。「和」の精神にもとづいて日々の仕事をこなし、組織全体の業績を高めてゆく。そのシステムが有効に機能し、社会全体が「一億総中流」といわれるような状態に達したのです。ひとびとは多少のミスを過度に恐れる必要がありませんでした。個人がミスをおかしても、それを組織全体でカバーする態勢になっていたからです。「和」の精神は、企業内の団結を高め、さらには、終身雇用制を導くことによって、企業への忠誠心さえもよびおこしました。もちろんすべて良いことずくめではありません。企業の社員たちが、企業戦士となって、会社のために全力をつくし、ともすれば家庭を顧みない傾向を示したことも事実です。しかし、「和」の精神によって企業活動が活性化した高度経済成長の時代が、この国にとってもっとも幸福な時代のひとつであったことは、だれしも否定できないでしょう。

残念ながら、みなさんは、俗にいう「失われた二十年」に生をうけ、育ってこられたかたがたで、高度経済成長をご存じないでしょう。近ごろはアベノミクスとやらで、表面的には景気が上向いたように見えますが、就職難は相変わらずです。みなさんのなかの多くのかたが、就職戦線で苦戦されているのが、実情です。なぜ日本は、高度経済成長の直後に「失われた二十年」を迎えてしまったのでしょうか。ひとつの大きな理由は、日本の経済界がアメリカ流の新自由主義をうけいれてしまったからです。新自由主義のもとでは、全体の「和」よりも個人の能力に重点が置かれます。そこでは、終身雇用制などナンセンスとされ、仕事ができる人間は高い地位と高額の給与を得、仕事ができない人間は低い地位と低賃金にあえぐのが当然だとされます。いや、それどころではありません。いったん仕事ができないと評価されれば、解雇さえされてしまうのです。誰もかばってはくれません。すべては自己責任と見なされ、ミスをおかそうものなら、その個人的責任を徹底的に追及されます。非正規雇用も常態化し、労働者はまるで機械の部品のようにとり扱われてしまいます。古くなって使いものにならなければ捨てるという、使い捨ての対象となってしまったのです。新自由主義とは恐ろしい論理です。この論理のなかに「自由」という概念が含まれている事実は、わたしたちが自由の問題をめぐって思索するときに暗い影を投げかけます。

つまり、「和」の精神と「自由」という概念は互いにあいいれないように見えてくるのです。そうした見かたは、一面では真をうがっています。誰もが、互いの「和」を気遣いすぎて、自分の個性を押し殺してしまう場合には、自由がないがしろにされることになってしまいます。たとえば、高度経済成長時代の日本人は、個人としての独自性に満ちた言動を、ともすれば自粛しがちでした。一方、「失われた二十年」の日本人は、自由な言動を保障され、自分独自の人生を自在に選択することのできる可能性には恵まれていたものの、いざその自由を発揮すれば、たちどころに自己責任を問われました。「和」の精神が欠如し、互いに支えあうこともなくなり、人間関係がぎくしゃくしたものになってしまいました。社会現象を概観するかぎり、どうやら「和」の精神と自由とは両立しないようです。

しかし、諦めるのはまだ早すぎると思います。高度経済成長期が「和」の時代であるとするなら、「失われた二十年」は「自由」の時代ということになります。いずれの時代もすでに終わりを告げました。わたしは、アベノミクスとやらには何の期待もいだいておりませんので、誤解のないようにしていただきたいのですが、わたしの認識では、時代は三・一一を機として新しい局面に入ったように思います。福島第一原発の大事故、津波による甚大な被害を目《ま》のあたりにしながら、「新しい局面」などと語るのは、無責任なたわごとのように聞こえるかもしれません。ですが、あえて申し上げるならば、災いは福のもとでもあるのです。原発事故の悲惨な被害に出会い、あるいは津波によるすさまじい惨禍を身にうけて、わたしたちは、原発を稼働させず、かつは津波や地震に対する対策を本気で講じるべき段階に立ち至ったといってもよいのではないでしょうか。これは、じつは好機でもあります。いまここで、日本社会の古い構造を根本から見直すとともに、その構造を支える新たな精神を探ることこそが、わたしたちに課せられた使命ではないでしょうか。その意味で、わたしは、時代は新しい局面に入ったと申し上げたような次第です。

「和」の精神と自由の問題に絡めていえば、わたしたちは、両者を統合する努力をすべきときを迎えたと、わたしは考えます。「和」の精神と自由の両立。それは、口でいうほど容易なことではないでしょう。しかし、わたしはあえてこう主張したいのです。つねに最終的には「和」に至ることをめざしながら、そのために各自がそれぞれの個性を十分に発揮してゆくこと、そうすることによってこそ、わたしたち日本人の未来は開けるのだ、と。議論もそこそこに付和雷同することは、最悪の態度です。現行憲法によって保障された自由をいかんなく発揮し、個性的な見解を互いにぶつけあいながらも、どこかにやわらぎの頂点を追い求めてゆくこと。それによって、わたしたちは、「和」と「自由」とが両立し統合されるという、これまで史上に例を見なかった精神の高みに達することができるのだ、とわたしは確信しています。

「和」も「自由」もともに、ととなえることは、口当たりだけがよい、たんなる理想論のように聞こえるかもしれません。ですが、前章まででお話したことからもあきらかなように、西洋の自由論には「和」という視点が欠けています。この結章で述べたように、日本人は「自由」を重んずる態度に関して欧米に遅れをとっています。その日本人が、「いま」「ここ」において「和」と「自由」の両立・統合を真剣に考えるならば、自由論の歴史もまた、カントの次元を超えて、新たな局面を迎えるのではないでしょうか。

最後にみなさんにお願いしたいことがあります。それは、自身の独自性を発揮し、自分の思いや考えを何はばかるところなく、堂々と披瀝していただきたいということです。いいっぱなしはいけません。しかし、黙っていては何も変わらないのです。「和」に立ち至ることを目標にして、互いに徹底的に議論をかわしあうという態度、そういう態度を身につけることによって、自由観・自由論の歴史に、ぜひ新たなページを書き加えてください。わたしども教師にとってきわめて残念なことは、ここ数年のあいだに、授業（講義、演習）中に質問等の発言をする学生がほとんどいなくなったことです。授業終了後に質問に来る学生も、めっきり少なくなってしまいました。時代は新局面を迎えたというのに、みなさんの生きかたはむしろ過去の方角へとむかっているように見えます。このままでは、みなさんのつくる社会は、その場の空気とか雰囲気とか、そういうものに引きずられていた過去の日本社会と同類のものになってしまいます。わたしの、この「倫理学」の講義は今年で最後となりますが、ほかの授業でお目にかかる機会もあるでしょう。そのときには、ぜひみなさんの成長された姿を、すなわち思う存分自分の思いや考えを語ることができるようになった姿を見たいと念じています。ともかくも、みなさんが、これをひとつの契機として、今後とも「自由」をめぐって思索を深めてくださることを祈りながら、この講義を締め括りたいと思います。一年間、わたしの拙い話に耳を傾けてくださったことに、深く感謝いたします。

あとがき

この書は、二〇一三年度の筑波大学人文学類の専門科目「倫理学」の講義内容を、できるだけ忠実になぞったものです。わたしがこの科目を担当しはじめたのは十数年ほど前のことでした。「倫理学」は人文学類哲学主専攻倫理学コースの基幹科目であり、当時のわたしには、少々荷が重かったのですが、「自由」の問題を倫理学の根幹と見定め、現代的な課題として、また歴史的な課題として、「自由」を論じることにしたところ、講義は思いのほかに円滑に進みました。当初は、簡単なメモ書きをつくり、それを見ながら話を進めるという形をとりました。ところが、話は至るところで脱線してしまい、何年か経過すると、メモ書きはまったく役に立たなくなってしまっていました。爾来、メモ書きもノートもつくらず、その場で思いつき、考えたことを語るという方針で講義を進めてきました。このやり方は意外に効果的だったようです。講義中に私語をしたり眠ってしまったりする学生もずいぶんと少なくなりました。曲がりなりにも学生たちの関心をひきつけながら講義を進めることができたのは、ひとえにこのやり方のおかげだったといってよいでしょう。ただし、このやり方を十年近くも続け、今年度かぎりで「倫理学」の担当からはずれることになったいま、ふりかえってみると、わたしの話は、どこにも記録として残っていないことに思いあたりました。そこで、最終年度にあたり、講義を再現して一書にまとめようと思い立ちました。

わたしが、講義録などというものを残すほどの大学者ではないことは、自分でも重々承知しているつもりです。わたしの講義など、だれの記憶に残ることもなく消え去ったとしても、別段どうということもないのかもしれません。しかし、わたしが筑波大学の倫理学教師として生きた、その足跡をたとえ部分的になりとも、数名の弟子たちや親しい友人たち、そしてふだんからわたしを支えくれた妻子のために残しておきたいと思いました。もちろん、「倫理学」のほかにも担当科目はいくつかあります。それらの講義録も残すべきなのかもしれません。ですが、それらの講義の内容はすでに、書物の形で公表してしまっています。このままでは、「倫理学」だけが跡を残さない、消えた科目となってしまう。そういう懸念と、近しいひとびとに自分が何を語ってきたのかを知ってもらいたいという気持ちとが、わたしを突き動かして、この書を書かせました。

講義は前・後期連続で通算三十回にわたるものです。それを内容、順序ともに正確に再現してみたつもりです。もちろん、実際の話は、この講義録に書かれたものほど流暢に進んだわけではありません。時にいいよどんだり、しばしの沈黙を挟むこともありました。立て板に水というわけにはいかなかったのです。しかし、いいよどみや沈黙を文章化することはできません。その意味では講義の全貌をいかんなく伝えているとはいえないこの書ですが、だいたいの講義の雰囲気は読者にも伝わるのではないか、と自負しています。なお、書いてはみたものの、この書にはまったく公刊のあてがありません。わたしのような無名の一倫理学徒の講義録を出版しようなどという冒険心にあふれた、ある意味では無謀な出版社は、いまの日本には一つとして存在しないかもしれません。その場合には、この書はだれにも知られない書き物として、わたしの書斎のひきだしのなかに埋もれることになるでしょう。それはそれで仕方のないことだと思っています。けれども、何らかの偶然が重なって、もしこの書が世に出ることがあったなら、倫理学、とくに自由の問題に関心を寄せるひとびとのなかには、少しばかりのあいだ、この書を手にとってパラパラとめくってくださるかたもあるのではないかと思います。少なくとも弟子たちや友人たち、そして妻子は読んでくれることでしょう。それを期待しながら、以上、本書の成り立ちについておおよその経緯を述べることをもって「あとがき」としたい、と思います。

（二〇一四年一月一九日）

（謝辞）「あとがき」を書きおえた直後、この書は、思いもかけぬ幸運に出会いました。北樹出版社長木村哲也氏が出版を引き受けてくださったのです。一月下旬のことでした。筆者にとってこれにまさる喜びはありません。木村氏に衷心より感謝申し上げます。また、同社編集部の古屋幾子氏には、校正等に関してひとかたならぬお世話になりました。深く御礼申し上げます。さらに、当初出版のめどが立たなかったにもかかわらず、強く執筆を勧めてくれ、日夜筆者を支えてくれた妻にも感謝したいと思います。

［著者略歴］

伊藤　益（いとう　すすむ）

1955年　京都市に生まれる
1986年　筑波大学大学院博士課程哲学・思想研究科修了
（文学博士の学位取得）
現　在　筑波大学人文社会系教授

主要著書

『ことばと時間―古代日本人の思想―』（大和書房，1990年－1992年度和辻賞受賞）
『日本人の知―日本的知の特性―』（北樹出版，1995年）
『日本人の愛―悲憐の思想―』（北樹出版，1996年）
『「信」の思想―親鸞とアウグスティヌス―』（北樹出版，1998年）
『日本人の死―日本的死生観への視角―』（北樹出版，1999年）
『旅の思想―日本思想における「存在」の問題―』（北樹出版，2001年）
『親鸞―悪の思想―』（集英社新書，2001年）
『高橋和巳作品論―自己否定の思想―』（北樹出版，2002年）
『歎異抄論究』（北樹出版，2003年）
『愛と死の哲学―田辺元―』（北樹出版，2005年）
『危機の神話か神話の危機か―古代文芸の思想―』（筑波大学出版会，2007年）
『鬱を生きる思想』（北樹出版，2012年）

自由論――倫理学講義

2014年4月25日　初版第1刷発行

著　者　伊　藤　　益
発行者　木　村　哲　也
印刷　新灯印刷　／製本　新里製本

発行所　株式会社　北樹出版

http://www.hokuju.jp

〒153-0061　東京都目黒区中目黒1-2-6
TEL：03-3715-1525（代表）　FAX：03-5720-1488

ISBN 978-4-7793-0421-7